新时代幼儿园

劳动教育活动案例精选

何成文　主编

中国农业出版社
农村读物出版社
北　京

图书在版编目（CIP）数据

新时代幼儿园劳动教育活动案例精选／何成文主编
. —北京：中国农业出版社，2023.6（2024.1 重印）
ISBN 978-7-109-30654-7

Ⅰ. ①新… Ⅱ. ①何… Ⅲ. ①劳动教育－教案（教育
）－学前教育 Ⅳ. ①G613.3

中国国家版本馆 CIP 数据核字（2023）第 071813 号

新时代幼儿园劳动教育活动案例精选
XINSHIDAI YOUERYUAN LAODONG JIAOYU HUODONG ANLI JINGXUAN

中国农业出版社出版
地址：北京市朝阳区麦子店街 18 号楼
邮编：100125
责任编辑：马英连
审　　阅：李　原
版式设计：杨　婧　责任校对：周丽芳
印刷：三河市国英印务有限公司
版次：2023 年 6 月第 1 版
印次：2024 年 1 月河北第 2 次印刷
发行：新华书店北京发行所
开本：700mm×1000mm　1/16
印张：12
字数：234 千字
定价：48.00 元

编 委 会

主编 何成文

编委 仝忠莉　赵良玉　孙艳梅　武子威

　　　　高　立　赵　茜　刘运超　车廷菲

2020 年 3 月 20 日，《中共中央 国务院关于全面加强新时代大中小学劳动教育的意见》指出，劳动教育是中国特色社会主义教育制度的重要内容，直接决定社会主义建设者和接班人的劳动精神面貌、劳动价值取向和劳动技能水平。近年来，在一些青少年中出现了不珍惜劳动成果、不想劳动、不会劳动的现象，劳动的独特育人价值在一定程度上被忽视，劳动教育正被淡化、弱化，因此，我国强调要把劳动教育纳入人才培养全过程，积极探索具有中国特色的劳动教育模式。

2022 年党的二十大报告明确提出，坚持尊重劳动、尊重知识、尊重人才、尊重创造，引导广大人才爱党报国、敬业奉献、服务人民。历史发展到今天，劳动教育首次写入党的报告中。

北京市第四幼儿园长阳分园成立 9 年来，一直致力于促进幼儿全面发展的研究，先后开展了一日生活中幼儿自主探究的实践研究、中大班自发性游戏的研究、自主探究式主题课程研究等，始终回应着对"为谁培养人、培养什么人、怎样培养人"这一教育根本问题的思考。基于对劳动独特育人价值的充分学习，基于幼儿园劳动教育目标、内容、路径、方法、策略研究的匮乏现状，基于对幼儿园如何进行劳动教育、如何实现德智体美劳五育并举全面发展的再认识、再思考，我和研究团队充满热情和研究力量，确立了"幼儿园劳动教育的实践探索"课题。该课题被批准立项为北京市教育科学规划课题，这极大地鼓舞和激发了团队的研究干劲，在各级领导专家的指导下，课题研究有序推进和开展。

本书出版的主要目的：一是提升幼儿园管理者、幼儿教师对劳动教育价值的再认识，重视从幼儿期加强劳动意识的养成教育；二是贯彻党的教育方针，从幼儿期培养劳动观念，将劳育贯穿到德育、

1

智育、美育、体育当中，让幼儿养成爱劳动、喜欢劳动、劳动光荣的道德品质；三是落实科学幼小衔接任务，将劳动教育的启蒙在幼儿园三年系统教育中有序、规范地开展，研发小班、中班、大班劳动教育课程目标、内容、路径，丰富完善幼儿园课程教育内涵，促进幼儿园劳动教育的生活化、综合性、深入性；四是家园社协同育人，将劳动教育观延展到家庭、社会，共同关注劳动教育对幼儿全面发展的作用，为培养国家需要的人才奠定良好基础，形成一致的教育观念，真正落实为党育人、为国育才的理念。

幼儿园要培养德智体美劳全面发展的幼儿，切实承担劳动教育的主体责任，开发幼儿园劳动教育课程，采取灵活多样的形式，培养幼儿正确的劳动价值观和良好的劳动品质，奠基良好的劳动素质。

为贯彻党的教育方针，落实立德树人根本任务，培养自主创新人才，劳动教育是教育者们要长期研究的课题。带着对教育的忠诚，我们开展此课题研究。由于水平有限，难免有疏漏和不足之处，希望各位幼教同仁提出宝贵意见和建议，我们会继续深化研究、改进不足。愿我们的研究实践永远在路上，紧跟新时代新征程，树立新发展理念，为培养德智体美劳全面发展的社会主义建设者和接班人踔厉奋发、砥砺前行。

何成文

2023 年 3 月 24 日

目录

第 一 章

劳动教育的历史沿革与最新进展

第一节 劳动教育的历史沿革

一、国际研究对劳动和劳动教育的认识

（一）国际研究对劳动的认识

劳动，是人类实践活动的一种特殊形式，多指创造物质财富和精神财富的活动。在《中国大百科全书哲学卷》中，劳动的定义为"劳动是人类特有的基本的社会实践活动，也是人类通过有目的的活动改造自然对象并在这一活动中改造人自身的过程①"。自古希腊时期，人们就开始了对"劳动"的思考。追溯到 19 世纪 40 年代前，阐述对劳动的认识的主要有三大思想家，一是亚当·斯密，他提出劳动是一切财富的源泉；二是德国唯心主义哲学家黑格尔，他主张绝对精神是世界的本源，绝对精神的逻辑状态包含"劳动"阶段，"劳动"是精神的过程；三是德国唯物主义哲学家费尔巴哈，他主张自然界是世界的本源，人也是自然界的产物，劳动是人的物质性的活动。但因所处的时代背景和理论思维还都不成熟，一直到马克思对劳动的阐述和分析，才让人们对劳动本质的认知有了确证。马克思对人类劳动的基本价值进行的分析主要表现为以下三大主张：劳动创造世界，劳动创造历史，劳动创造人本身。

1. 劳动创造世界。马克思认为，构成人类赖以存在的现实世界的关键要素之一正是人的劳动，而且这种劳动并不是抽象层面的劳动，而是现实生活中的人的感性物质劳动，即作为人类实践活动最基本形式的"生产劳动"。马克思认为，这是区分人与动物的关键。当人开始生产自己的生活资料，即迈出由他们的肉体组织所决定的这一步的时候，人本身就开始把自己和动物区别开来。人们生产自己的生活资料，同时间接地生产着自己的物质生活本身。这充分说明，人类的生产劳动都是有意识、有目的的活动，其试图创造出一个可以满足人类生活需要的物质世界②。人们利用劳动才满足自身的需要，他们在通过劳动创造物质世界。

2. 劳动创造历史。"人们为了能够'创造历史'，必须能够生活。但是为

---

① 檀传宝. 劳动教育论要［M］. 北京：北京师范大学出版社，2020：44.
② 檀传宝. 劳动教育论要［M］. 北京：北京师范大学出版社，2020：23.

了生活，首先就需要吃喝住穿以及其他一些东西。因此，第一个历史活动就是生产满足这些需要的资料，即生产物质生活本身，而且，这是人们从几千年前直到今天单是为了维持生活就必须每日每时从事的历史活动，是一切历史的基本条件①。"这充分说明，劳动创造了人类的历史，劳动促进了人类历史的发展，人类在日常的生产劳动中创造着历史。人类历史发展的一切现实性都离不开人的劳动过程。恩格斯也指出，"历史破天荒第一次被置于它的真正基础上；一个很明显的而以前完全被人忽略的事实，即人们首先必须吃、喝、住、穿，就是说首先必须劳动，然后才能争取统治，从事政治、宗教和哲学等等——这一很明显的事实在历史上的应有之义此时终于获得了承认②。"

3. 劳动创造人本身。马克思深刻指出，劳动不仅创造出人类的物质世界和社会历史，同时也创造了人类自己。"劳动首先是人和自然之间的过程，是人以自身的活动来中介、调整和控制人和自然之间的物质交换的过程③。"这是由于为了能够在对自身生活有用的形式上占有自然物质，人类必须使得他身上的自然力——臂和腿、头和手运动起来，而当人类通过这种运动作用于他身外的自然并改变自然时，也就同时改变他自身所处的社会生活及人类本身。可见，劳动是人类生活的第一个条件，同时劳动也是为人类创造物质的第一条件，可以说劳动改变人类，劳动也创造了人本身。劳动不仅是人的本质规定，更是人类自身生产和再生产的创造过程④。

（二）国际研究对劳动教育的认识

1. 马克思的劳动教育观。从教育学原理的解释看，马克思认为劳动形成人的本质；劳动是实现人的全面发展的重要途径；教育与生产劳动相结合是社会主义教育的根本原则。

马克思认为生产劳动对于个人具有决定性的意义，"个人怎样表现自己的生命，他们自己就是怎样。因此，他们是什么样的，这同他们的生产劳动是一致的，既和他们生产什么一致，又和他们怎样生产一致⑤。"因此，研究发生在人身上的教育，就是研究人是如何学会通过劳动来生产自己需要的生活资料，就是研究人与人之间具体的生产劳动关系如何影响人自身的生产。对此，马克思、恩格斯进行了总结："为了能够得到通晓整个生产系统的人，教育就

---

① 马克思恩格斯选集（第一卷）[M].北京：人民出版社，2012.158.
② 马克思恩格斯选集（第三卷）[M].北京：人民出版社，2012.723.
③ 马克思恩格斯选集（第二卷）[M].北京：人民出版社，2012.177.
④ 檀传宝.劳动教育论要[M].北京：北京师范大学出版社，2020：27.
⑤ 马克思恩格斯选集（第一卷）[M].北京：人民出版社，2012.147.

必须让年轻人不断地接受各种形式的生产劳动，并轮流从一个生产部门转到另一个生产部门①。"可见，劳动形成人的本质，劳动和教育在人的身上同时发生，有了劳动就相应在劳动中产生了教育，教育和劳动相互承载。劳动是实现人的全面发展的重要途径。马克思、恩格斯通过对人类社会发展的历史考察，特别是对工场手工业取代个体手工业进而走向机器大工业历史进程的考察发现，不合理的社会分工会造成人的片面发展，从而提出现代教育的目标就在于实现人的全面发展。这里说的人的全面发展指的是劳动能力的全面发展。教育与生产劳动相结合是社会主义教育的根本原则。马克思在教育思想上特别强调教育要与生产劳动相结合，这种相结合的形式主要是指"教育要使儿童和少年了解生产各个过程的基本原理，同时使他们获得运用各种生产的最简单的工具的技能②"。教育与生产劳动相结合是现代社会的基本要求，它使工人获得多方面的学习与发展，适应劳动形式的变化。

2. 卢梭的"劳动教育"思想。18 世纪，法国杰出的启蒙思想家、教育家卢梭从自然教育观出发强调劳动教育。卢梭受自身经历和时代背景的影响，从劳动教育的价值出发，主张孩子应该在自由、朴素的环境中成长，在教育中提倡劳动教育与智力教育同步③。他强调劳动教育是培养新人不可缺乏的途径，希望儿童通过参加生产劳动，不仅获得劳动的知识技能，而且培养起对劳动和劳动人民的热爱，在方法得当的劳动教育中承担起劳动责任，实现自身价值。他认为，儿童在劳动中懂得劳动在人的生活中的地位和作用，学会使用工具，在实际劳动中获得的知识更快、更直接、更巩固。

卢梭赋予劳动教育很大的意义。他认为劳动教育使儿童的身体和双手得到锻炼，变得柔和灵巧，将来会成为一个双手运用自如的人。假如不会用双手劳动，长大后只能是个靠人养活的寄生虫。在卢梭看来，儿童用自己的双手亲自去做实验，去制造仪器教具，这样做的好处和不这样做的坏处是显而易见的。"毫无疑问，一个人亲自取得的对事物的观念，当然是比从他人学来的观念清楚得多的；而且，除了不使他自己的理智养成迷信权威的习惯之外，还能够使自己更善于发现事物的关系，融汇自己的思想和创制仪器，不至于别人说什么就信什么，因而在不动心思的状态中使自己的智力变得十分低弱。"

3. 裴斯泰洛齐"教劳结合"的主张。瑞士著名教育理论家裴斯泰洛齐从整个教育理论和教育实践研究中总结出劳动教育促进幼儿身心和谐发展所需要

---

① 檀传宝. 劳动教育论要[M].北京：北京师范大学出版社，2020：34.
② 檀传宝. 劳动教育论要[M].北京：北京师范大学出版社，2020：36.
③ 王朝霞，高艳荣. 论卢梭的劳动教育观及其启示[J].衡水学院学报，2007，9（4）：2.

的三个最基本的能力，即脑、心、手的能力，这也是其劳动教育思想最主要的组成部分。裴斯泰洛齐认为教育的目的就是全面和谐地发展幼儿的一切潜在能力，培养其成为一个思想与实干相结合、智慧与道德完善相结合，拥有较高的精神境界和良好个性的人①。他提出劳动教育与德智体紧密相连，并且可以通过劳动培养幼儿的德智体，促进幼儿身心和谐发展。裴斯泰洛齐也认为，只有人"心、脑、手"三者能力和谐统一、协调一致，脑和手的能力服从于高尚的心时，人才能够真正地成为完整的人。另外他认为教育不仅仅是要传授给幼儿知识，更重要的是通过知识的学习促进幼儿情感道德的发展，提升幼儿的生存技能②。

裴斯泰洛齐主张劳动教育课程应满足社会需求，认为劳动是使人立足于社会，成为独立、自由个体的重要手段。

4. 克鲁普斯卡娅的"劳动教育原则"观点。克鲁普斯卡娅作为苏联杰出的教育家，其劳动思想对苏联教育也有着深远影响。他在劳动教育原则上也有自己独特的见解。他强调，第一，劳动教育要从儿童幼年开始；第二，劳动教育要在集体中进行，全体儿童都要参与，进行正确合理的劳动分配；第三，反对强迫劳动，让儿童自觉自愿参与劳动；第四，儿童要对劳动产生兴趣；第五，劳动应符合学生的能力，是其能胜任的，要关注儿童的疲劳现象，要进行阶段性劳动教育，不同年龄阶段要进行不同的劳动教育；第六，要让儿童感受到自己的劳动成果，培养对劳动的共产主义态度；第七，劳动不能妨碍学习，必须用深刻的知识去阐明劳动，去理解劳动，把劳动提到最高的阶段；第八，校内外劳动要相结合，校外劳动实践的重要途径之一是参加社会公益劳动；第九，对能力弱的学生给予帮助③。他还强调，关注儿童劳动能力的时候要使劳动是创造性的劳动，而不仅是机械性的劳动。

5. 苏霍姆林斯基"劳动教育"的主张。苏霍姆林斯基是苏联著名的教育理论家和实践家，被誉为"教育思想的泰斗"。他的劳动教育思想是他整个教育思想体系的重要组成部分。第一，他强调了劳动和劳动教育的意义。苏霍姆林斯基认为，劳动是塑造人、培养人的关键途径，甚至是最重要、最根本的手段，人的全面和谐发展必须建立在劳动教育的基础上，必须使劳动成为人的第一生活需要。"劳动是一个人全面、和谐发展的基础"，劳动教育对德育、智育、体育和美育都具重要的促进作用。第二，重视教育与生产劳动相结合。他认为脱离劳动就不可能有教育，劳动教育应渗透、贯穿于一切学校教育中，劳

---

① 何兰兰，谢华 . 裴斯泰洛齐的劳动教育思想对我国幼儿教育的启示[J]. 基础教育研究，2021.
② 同①.
③ 郭志明，邓冉 . 苏联人民教育家劳动教育思想研究[J]. 天津市教科院学报，2021（1）.

动教育是德育、智育、美育和体育的重要因素。第三，主张进行集体教育。学校劳动教育的关键是要建立一个良好的劳动集体，使所有成员相互影响、相互监督，形成对集体的个人责任感，同时注重学生的个体差异。第四，提出通过劳动教育培养学生的共产主义态度，使之形成共产主义信念的劳动价值观。第五，劳动是劳动与精神生活相统一的创造性活动，劳动教育本身就是学生创造性发展的教育。第六，让劳动意图、创造因素和体脑结合成为最有力的劳动动机[①]。

苏霍姆林斯基关于劳动教育的主张中强调了年轻人在学习劳动中的技能和技巧的同时要理解劳动的意义，要把劳动视为具有崇高道德意义的义务，也强调要促进学生形成正确的劳动价值观。

（三）国际研究对幼儿园劳动教育的认识

通过研究发现，国外学者非常重视劳动教育对儿童发展的价值，认为参与劳动也是属于幼儿的一项权利，劳动教育在培养幼儿独立能力、个人品质等方面具有重要的价值，提倡尊重与支持幼儿自主动手，但有关幼儿园开展劳动教育的论述较少。幼儿园的劳动教育更多的融于幼儿的一日生活当中[②]。国外普遍将幼儿园值日生活活动作为劳动教育的重要内容，在日本小松谷保育园实现混合年龄互动的"值日生"制度，美国也非常看重幼儿的独立性和主动性，也有类似的值日生制度，称为"服务生"制度。日本的劳动教育贯穿于学校教育的各个阶段，其主要方式是劳动体验学习。

综上所述，国际上早期不同学者和教育家对劳动及劳动教育有非常鲜明的观点，这为实施劳动教育研究提供了丰富的理论基础，人们进一步认识到劳动教育的价值，劳动教育也逐步受到重视。但还没有系统地对劳动教育研究和实践进行明确的论述。

二、国内研究对劳动和劳动教育的认识

（一）国内研究对劳动的认识

早在几百年前，我国明朝著名学者丘濬最早提出了劳动创造使用价值，他提出"世间之物，虽生于天地，然皆必资以人力，而后能成其用。其体有大小精粗，其功力有浅深，其价有多少，直而至于千钱，其体非大则精，必非一日之功所成也[③]。"其意思是说，凡是世间有用的物品，一般都是自然界与人类

---

① 郭志明，邓冉. 苏联人民教育家劳动教育思想研究[J].天津市教科院学报，2021（1）.

② 张妙妙. 幼儿园劳动教育的实践困境与对策研究[D].武汉：华中师范大学.

③ 余德仁. 最先提出劳动价值论的是我国明朝学者丘濬[J].河南师范大学学报：哲学社会科学版，2003，30（6）：2.

劳动相结合的产物。各种物品有大有小，品质上也是千差万别，这些均与消耗的劳动程度、劳动时间有关，从而决定在市场上的价格互有不同。至于售价高达千钱者，非属大件便为优质的物品，它就必然不是消耗一天劳动时间所能完成的。

各种形态的劳动是人类社会发展的根基，是人类创造物质财富和精神财富的源泉，同时也是个人生活生存的前提条件。我国近代教育家对劳动也进行了比较深刻的论述。蔡元培认为，"劳动是人生一桩要紧的事体""使人之身体有张有弛""养成勤劳之习惯"。蔡元培推崇劳工神圣的思想，他对劳动人民十分尊重，他说"我说的劳工，不但是金工、木工，等等，凡是用自己的劳力作成有益他人的事业，不管他用的是体力、是脑力，都是劳工⋯⋯我们要认识劳工的价值，劳工神圣[1]"。蔡元培认为知识分子应参加劳动，劳动大众应学习文化。

新民主主义教育家吴玉章高度评价了劳动的意义，他认为，"劳动是人类赖以生存和发展的永久的、必需的条件，人类生活中的一切财富，整个人类历史以至人类本身，都是劳动创造出来的[2]。"

综上所述，我国从古代到近代的学者、教育家对劳动有了一定的认知，从不同的角度对劳动有不同的论述，也具有鲜明的观点。

（二）国内研究对劳动教育的认识

1. 陈鹤琴"活教育"的观点与劳动教育。中国著名儿童教育家陈鹤琴提出"活教育"的观点。他认为，"凡事幼儿能够自己做的，应当让他自己做。"他指出，"一切的学习，不论是肌肉的，不论是感觉的，不论是神经的，都要靠'做'的。""做"是儿童对生活最直接的感观体验，日常所有的劳动或活动都需要动手去"做"，孩子通过劳动或活动来提高动手能力及思维能力，学习更多的生活技能[3]。陈鹤琴主张幼儿劳动教育有其特定的内容和途径，要反对"成人化""儿童化"倾向。他认为，幼儿劳动教育应当主要通过参加简单的劳动活动和认识成人劳动两方面来进行[4]。

幼儿劳动活动的内容有以生活自理为目标的自我服务性劳动，为群体和公共事务效力的公益性劳动以及种植、饲养活动等。照料自己生活的自我服务性劳动是幼儿劳动的主要内容。主要有自己穿（脱）衣服、鞋袜，洗手脸，刷

---

① 徐辉. 再论蔡元培，陶行知，吴玉章，晏阳初的劳动教育思想及启示[J]. 辽宁师范大学学报：社会科学版，2021，44（1）.

② 同①.

③ 吴玲. 陈鹤琴幼儿劳动教育思想探要[J]. 安徽师范大学学报：人文社会科学版，1998.

④ 同③.

牙，收拾玩具、用具等。为群体和公共事务效力的公益性劳动表现在幼儿园里主要是指为集体擦桌子、擦椅子、做值日等。认识成人劳动，主要是组织幼儿认识成人劳动和幼儿常接近的一些劳动者。陈鹤琴也提出多带小孩子去了解成人的劳动，接近各种各样的劳动者，在接触中让幼儿了解不同劳动者的工作，这样可以丰富他们的知识，还能够增加幼儿的社会经验。

陈鹤琴认为，对幼儿进行劳动教育，培养幼儿的劳动习惯和劳动技能不仅是"生活"使其然，而且与幼儿体力、智力、道德和美感的发展之间有着不可分割的联系。首先，劳动教育可以促进幼儿的身体发展。陈先生认为家长为孩子做事有三大弊病。其中一条就是"剥夺小孩子肌肉发展的机会"，"小孩子愈动作则他的肌肉愈能够发展；反之则他的肌肉就要退化了。"事实上，幼儿是好模仿、好游戏的，如能让幼儿自己动手做点事情，一方面可满足他爱动的天性，另一方面可使他的大小肌肉得到一定程度的锻炼。其次，劳动教育可以促进幼儿智力的发展。让儿童做实验，在动手实践中获得新的经验。在陈鹤琴看来，在活动中学习，对儿童是件轻松愉快的事情，它不仅可以提高儿童学习知识的兴趣，而且对提高教育效果也有很好的作用。最后，劳动教育可以促进幼儿良好品德的形成，促使幼儿通过劳动创造美、感受美。

2. 陶行知的"生活即教育"思想与劳动教育。陶行知提倡手脑并用创造财富。他认为"劳动教育的目的，在谋手脑相长，以增进自立之能力，获得事物之真知，及了解劳动者之甘苦。"他说："在劳力上劳心，手到心到才是有意义的做。"为此他写了一首《手脑相长歌》来鼓励儿童手脑并用，歌词为："人生两个宝，双手与大脑。用脑不用手，快要被打倒！用手不用脑，饭也吃不饱。手脑都会用，才算是开天辟地的大好佬[①]。"

劳动即生活，劳动来源于生活又回归于生活，每个人在生活中无时无刻都需要劳动，没有人是生下来不需要劳动的。成人要注重对儿童的劳动教育，引导儿童喜爱劳动，陶行知也把劳动赋予了劳动美的意义。他认为"烧饭是一种美术的生活。做一桩事情，画幅图画，写一张字，如能自慰慰人，就叫作美[②]。"他让儿童们在劳动中感受生活的美好，在劳动中学到生活的意义。

劳动即教育，是劳动的生活就是劳动的教育，劳动的过程就是受教育的过程。陶行知认为"教学的本质是学习，而学习也就是实践，学而后能教人[③]。"

---

① 陶行知. 陶行知全集[M]. 成都：四川教育出版社，2005.
② 喻剑，杜学元. 论陶行知的儿童劳动教育思想及其现实价值[J]. 阿坝师范高等专科学校学报，2020，037（001）：122-128.
③ 同②.

而且行动的真理必须在真理的行动中才能追求得到。实践、行动就代表劳动，劳动要的是手脑并用，手、脑才会得到发展。所以，要培养儿童在生活中劳动获得真知。

3. 张雪门的"行为课程"思想与劳动教育。在我国的幼儿教育史上，以张雪门为代表的教育家在救国救民的实践中，极力倡导办中国的幼儿园，根据中国幼儿的实际情况开发"行为课程"。游戏、劳动是其行为课程中重要的一环。张雪门注重本民族劳动文化，强调劳动教育，他认为"唤起我民族的自信心；养成劳动与客观的习惯态度"是十分重要的。张雪门借鉴福禄贝尔的思想，认为幼儿是爱模仿的，强调要"多多介绍劳动界的各种动作，使其有模仿表演的机会，当其手舞足蹈、兴味淋漓的时候，不知不觉已入于物我俱忘的境界，自觉得这些生活有意味了"。张雪门提倡在幼儿园的课程中注意实际行为，凡是扫地、擦桌子、熬糖、爆米花以及养鸡、养蚕、种植小花等能够让儿童实际行动的，都应该让他们去实际行动。从行动中所得到的知识才是真实的知识。

张雪门强调现在的儿童不是需要做劳动，而是需要产生对劳动的意识和对劳动的兴趣，我们要明确劳动的意义。工作对于儿童和成人的性质不一样，成人做工作往往是要满足生活的一种手段……儿童做工作，是为工作而工作，把工作当作了自己的生活。这种工作是最纯洁的基本劳动观念。照料自己生活的自我服务性劳动是幼儿劳动的主要内容。

（三）国内研究对幼儿园劳动教育的认识

通过研究发现，我国幼儿园的劳动教育自幼儿园开设就已经存在。1903年清政府颁布《奏定蒙养院章程及家庭教育法章程》，这是清政府确立取法日本的留学及外交政策的社会背景下，以日本《幼儿园保育及设备规程》（1899年）为蓝本制定的，其中要求幼儿学习手技。同时我国开办了最早的一所官办教学机构——湖北武昌蒙养院，并拟定了《湖北幼稚园开办章程》，其中设有"手技"等7项保育科目。这一阶段的幼儿教育蕴含着劳动教育思想，但没有明确提及对幼儿进行劳动教育[①]。

二十世纪二三十年代，我国教育受到杜威"做中学"、著名教育家陶行知"教学做合一"以及陈鹤琴提出的"做中教，做中学，做中求进步"幼儿园教学方法论的影响，幼儿园教育蕴含劳动教育思想，强调教育家和家长都要给予重视。从新中国成立到改革开放前，我国借鉴苏联的教育经验推进我国的教育改革。1952年出台《幼儿园暂行规程（草案）》，规定幼儿园要对

---

① 龙红芝，巨雁楠. 幼儿园劳动教育的当代诠释与实践路径[J]. 甘肃教育，2022（2）：35-39.

适龄幼儿进行初步的全面发展的教养工作，从而提高幼儿的劳动素养，同时指出幼儿园开展劳动教育的目标是"培养幼儿以劳动为中心的爱劳动的国民道德"。1979年，教育部颁布《城市幼儿园工作条例（试行草案）》中就指出，幼儿园应该教育幼儿要尊重辛苦工作的广大劳动者，爱护劳动者的劳动果实，同时还要学习劳动者身上所具备的勤劳、勇敢等优秀品德。1981年教育部颁布的《幼儿园教育纲要（试行草案）》也指出，幼儿园要引导幼儿尊重成人的劳动。

综上所述，在理论层面，早期国内外学者和教育家的研究对劳动教育实践具有重要的指导意义。但与幼儿园劳动教育实践相关的研究和论述比较少，缺少完整系统的实践研究。

第二节　新时代关于劳动教育的新论断

一、新时代关于劳动教育的政策精神

党的十八大以来，我国的社会主义建设迈入新时代，教育事业的发展受到了来自以习近平同志为核心的党中央领导集体的高度重视，针对劳动教育与全面发展教育的关系也进行了深刻的论述。2015年习近平总书记提出"劳动托起中国梦"。2018年，习近平总书记在全国教育大会上进一步提出"要在学生中弘扬劳动精神，教育引导学生崇尚劳动、尊重劳动，懂得劳动最光荣、最崇高、最伟大、最美丽的道理，长大后能够辛勤劳动、诚实劳动、创造性劳动"。2020年3月，中共中央、国务院印发的《关于全面加强新时代大中小学劳动教育的意见》中明确提出，把劳动教育纳入人才培养全过程，贯通大中小学各学段，贯穿家庭、学校、社会各方面，与德育、智育、体育、美育相融合。同年7月，教育部出台了《大中小学劳动教育指导纲要（试行）》。2022年5月，教育部颁发了《义务教育劳动课程标准（2022年版）》。

党的二十大报告中指出，要办好人民满意的教育，全面贯彻党的教育方针，落实立德树人根本任务，培养德智体美劳全面发展的社会主义建设者和接班人""全社会弘扬劳动精神、奋斗精神、奉献精神、创造精神、勤俭节约精神""使人人都有通过勤奋劳动实现自身发展的机会"。

在国家出台一系列关于劳动教育政策的大背景下，幼儿园劳动教育也更加强调劳动教育的育人价值，五育并举的理念深入人心。在《3—6岁儿童

学习与发展指南》（以下简称《指南》)《幼儿园教育指导纲要（试行）》（以下简称《纲要》)等文件中，也从健康、社会领域提出了劳动教育的内容和要求。在《幼儿园入学准备指导要点》中还将"参与劳动"作为一项重要的发展目标。在新时代背景下，幼儿园劳动教育从政策到实践体现得更加充分和全面。

纵观我国劳动教育的政策与实施的变迁，劳动教育既表达着教育促进学生全面发展的承诺，又肩负着实现国家教育理想、推进社会进步的责任①。

二、新时代劳动教育研究论述

1. 新时代劳动教育研究。 从 2018 年习近平总书记明确提出"五育并举"这一教育方针，劳动教育被纳入全面培养的教育体系中后，关于劳动教育的研究日渐丰富。研究对象涉及教育体系的各学段，主要研究内容集中在劳动教育的思想探析、劳动教育的价值及意义、劳动教育的发展等方面②。新时代劳动教育是在人类社会生产过程中自觉总结劳动经验，将劳动过程中凝结的具有普遍性和时代性的劳动素养教授给劳动者③。檀传宝通过对劳动教育相近概念的深入辨析，对劳动教育基本内涵与基本特征进行了较为明晰的厘定，认为劳动教育是以提升学生劳动素养的方式促进学生全面发展的教育活动。劳动素养指"经过生活和教育活动形成的与劳动有关的人的素养，包括劳动的价值观（态度）、劳动的知识与能力等维度"。檀传宝认为劳动教育是一个"复合性"的教育概念。当我们要通过劳动教育培育热爱劳动等劳动价值观时，劳动教育就是德育；当我们要让儿童思考劳动过程的原理、奥秘时，劳动教育就与科学技术建立了内在联系，劳动教育也就成为智育；当"动动手、流流汗"发挥强健体魄、增强体能作用的时候，劳动教育已经是体育；当我们引导学生体悟、理解"劳动最美丽"的道理时，劳动教育当然就已经是美育了④。

综上所述，劳动教育具有"树德、增智、强体、育美"的综合育人功效，是中国特色社会主义教育体系的重要组成部分。这进一步启发我们去思考：既要站在五育并举、立德树人的高度，深刻理解劳动教育的新时代使命

---

① 林克松，熊晴. 走向跨界融合：新时代劳动教育课程建设的价值，认识与实践[J].湖南师范大学教育科学学报，2020，19（2)：7.

② 王彦庆. 新时代大学生劳动教育研究[D].哈尔滨：哈尔滨师范大学.

③ 檀传宝. 劳动教育的概念理解——如何认识劳动教育概念的基本内涵与基本特征[J].中国教育学刊，2019（2)：3.

④ 弓立新. 如何认识与开展新时代劳动教育——专访北京师范大学檀传宝教授[J].少年儿童研究，2019（3)：6.

与科学内涵，又要结合 3～6 岁学前儿童的年龄特点，创新实践幼儿园劳动教育活动。

2. 新时代幼儿园劳动教育研究。科学地开展幼儿园的劳动教育，就要真正把握幼儿劳动教育的实质与内涵。在幼儿园劳动教育的内涵界定上，霍力岩提出，幼儿园劳动教育是促进幼儿劳动知识和劳动技能获得、劳动意识和劳动习惯形成的一种教育活动[1]。张妙妙认为，幼儿园劳动教育是以培养幼儿良好的劳动素养为核心的教育活动，要在实践中培养幼儿正确的劳动价值观[2]。在新时代，开展幼儿园的劳动教育活动，组织幼儿在亲历实践和动手操作的过程中，促进每一位幼儿对劳动意识的内在自觉，劳动情感的自主生发，劳动价值的自主建构。

虞永平提到，幼儿阶段的劳动教育以自我服务为主，幼儿从简单、初步的服务逐渐成长到有目的、有计划地完成幼儿园和家庭中的各项自我服务劳动[3]。把握幼儿的年龄特点，根据幼儿身心发展的实际情况与年龄特点制定适宜的幼儿劳动教育目标，鼓励幼儿在生活中、游戏里萌发热爱劳动的情感，体验劳动的快乐，逐渐由自我服务过渡到为集体、社区服务，了解与自己生活有关的各行各业的劳动，萌发对劳动者的热爱与对劳动成果的尊重，从而使其更好地适应小学生活与社会活动。

在幼儿园劳动教育的实施途径上，霍力岩提出，根据幼儿年龄特点设计的劳动主题活动是促进幼儿劳动知识的获得以及劳动技能和情感等方面的发展最直接的途径，区域游戏活动是开展幼儿劳动教育的重要途径，一日生活活动是幼儿自我服务劳动和集体服务劳动的基本途径。可见，开展劳动教育活动，更要鼓励幼儿在家园社的协同支撑下亲身体验、自主感知，要将劳动教育活动与一日生活活动、集体教学活动、区域活动有机融合。

新时代劳动教育，要回应新时代对教育的新需求。新时代教育工作者的重要使命，就在于不断提升包括劳动教育在内的全部学校教育的品质，以回应人民日益增长的美好生活需要。劳动教育作为教育体系中不可或缺的组成部分，不但是培养幼儿身心和谐发展的有效措施，更是对新时代中国特色社会主义现代化建设育人要求的有力回应。因此，需要把握新时代背景下幼儿园劳动教育的实质，树立正确的劳动教育观念，明确科学的劳动教育目的，确定适宜的劳动教育内容，认识到劳动教育对幼儿发展的多元价值，积极探索出一套园本的劳动教育实施路径，思考探索如何将劳动教育同德育、智育、美育、体育、家

① 霍力岩. 幼儿劳动教育：内涵、原则与路径[J]. 福建教育，2018（47）：16—19.
② 张妙妙. 幼儿园劳动教育的实践困境与对策研究[D]. 武汉：华中师范大学，2020.
③ 虞永平. 劳动是幼儿综合的学习[J]. 今日教育：幼教金刊，2019（2）：3.

园社协同育人有机融合，持续挖掘幼儿身边的劳动教育资源；梳理出丰富的、具有年龄适应性的幼儿劳动教育内容，制定符合年龄特点的幼儿劳动教育目标，探索生动且多样的劳动教育形式；培养幼儿热爱劳动、尊重劳动的情感，让幼儿在真实、自由的劳动中发展、创造自我，成长为全面发展的"完整儿童"，以真正发挥幼儿劳动教育的育人功能，为培养社会主义建设者和接班人打下坚实基础。

第二章

幼儿园开展劳动教育的
必要性与实施路径

第一节　幼儿园开展劳动教育的必要性

一、时代发展之需

2022 年 2 月，教育部印发《幼儿园保育教育质量评估指南》（以下简称《评估指南》），旨在以习近平新时代中国特色社会主义思想为指导，全面贯彻党的教育方针，落实立德树人根本任务，遵循幼儿发展规律和教育规律，全面提高幼儿园保育教育水平，为培养德智体美劳全面发展的社会主义建设者和接班人奠定坚实基础。

幼儿园劳动教育作为幼儿园保育教育工作的重要组成部分，需要体现对幼儿身心发展特点和规律的准确把握，有效组织、科学实施、正确评价劳动教育活动，方能有力促进幼儿园保育教育工作的高质量发展。

新时代背景下，幼儿园劳动教育要释放幼儿天性，发现幼儿的力量，让幼儿在综合实践活动中积极参与劳动体验，发挥实践能力、创新能力、动手操作能力，亲历劳动实践，获得劳动知识，增强为自己、为他人、为班集体、为幼儿园、为家长"五服务"的意识，逐步培养热爱劳动的习惯。

二、身心发展之要

3～6 岁的幼儿处于肌肉、骨骼等身心快速成长和变动的时期，是奠基终身教育的最佳时期。这个时期的幼儿，充满了对万事万物的好奇心，适宜通过自然参与的体验、操作感知未知的世界，获得锻炼成长。劳动教育，同样需要在这个年龄段奠基，让幼儿广泛参与劳动实践，从中获得良好的劳动习惯和劳动品质，促进身心和谐健康成长。

在幼儿时期参与劳动教育和劳动活动所获得的情感，将会对其后续的人生产生深远的影响。学前教育，作为基础教育中的基础，其劳动意识是提升劳动教育质量的基础，也是目前整个教育系统的基础。

三、自主成长之路

幼儿的学习具有游戏性的特点，即在玩中学。幼儿的游戏实际上也是一种劳动。"对于幼儿而言，劳动即游戏。"游戏与劳动活动具有内在统一性，由于幼儿爱"劳动"，爱"玩"，幼儿便会积极主动地参与、体验劳动教育活动。

有别于大中小学的劳动教育，幼儿在使用劳动工具、参与劳动量等方面会受到年龄、动作发展的制约，因此幼儿园劳动教育要充分考虑幼儿的年龄特点、身心发展特点，在一日活动中支持幼儿以游戏化的方式参与劳动、认知劳动、产生爱劳动的情感。在开展劳动教育时，要充分尊重幼儿的主体性，从幼儿的视角出发，基于幼儿的兴趣和需求，设计适量、适度、适宜的劳动教育活动，激发幼儿自主参与，在积极充分的体验中自主探究、自主发现问题、自主解决问题、自然获得经验，逐步获得全面发展。

四、习惯养成之本

陈鹤琴认为，劳动教育的目的主要是从小培养孩子们爱劳动、爱劳动人民的情感，学习初步的劳动知识和技能，养成爱劳动的好习惯。幼儿在劳动教育活动中表现出的积极态度和良好行为是其终身学习与发展所必需的宝贵品质。

基于幼儿力量和耐力非常小，具有简单的动手操作能力，但是对劳动的亲身体验少，需要大量的直接经验和良好劳动习惯的特点，幼儿教师在开展劳动教育的过程中，要身体力行，并且能够依托幼儿的认知水平，使幼儿对一些劳动留有印象。研究表明，中小学生 80%～90%的性格及劳动品格都在 3～6 岁形成，很多复杂的劳动习惯都是从幼儿时期开始的，良好的劳动习惯在幼儿的头脑中会有比较深刻的印象。因此，在幼儿期养成的正确劳动观念、良好行为习惯将长期持久地存在，并影响幼儿后续的生活，对幼儿劳动素养和劳动习惯的形成有非常重要的影响，还能够提升孩子们对生活的期望值。

第二节　新时代幼儿园劳动教育的实施路径

一、核心思路

以问题为导向，用系统思维指导幼儿园劳动教育实践，确立"三步一中心"的核心思路。一中心，即以儿童发展为中心。从儿童视角出发，基于儿童的兴趣和需要开展劳动教育实践，让儿童在与劳动相关的游戏中直接感知、实际操作和亲身体验，获得全面发展。三步即一步思、二步走、三步谋。第一步，依托课题，在深入思考的基础上找准理论、政策依据，对幼儿园开展劳动教育的现状从五个维度，即劳动教育的内容、劳动教育的路径、劳动教育的资源、劳动教育的认识、劳动教育的行为方式，在不同级类不同地域的幼儿园中充分调研。基于对调研问卷的翔实分析，确定下一步怎么走。第二步，分六个层次将劳动教育实践之路走实走深，六个层次即确立目标、梳理内容、确定路径、扎实推进、创新开展、形成成果。在幼儿园劳动教育实践目标的引领下，梳理劳动教育内容，确定开展劳动教育的路径，在扎实推进的过程中思考实践创新点，最终形成经验性成果。第三步，谋划下一步。从教师进取、幼儿成长、家长认同、园所发展的角度明晰下一步的发展方向，促进幼儿园劳动教育实践呈现步步尚佳的状态。

二、明确目标

以党的二十大精神为指引，全面贯彻党的教育方针，落实立德树人根本任务，培养德智体美劳全面发展的新时代儿童，培养幼儿萌发热爱劳动、尊重劳动者、珍惜劳动成果的情感，懂得用勤奋的劳动实现自我价值，精心养育逐步具有劳动精神的未来儿童。

实践中确立以《评估指南》《纲要》《大中小学劳动教育指导纲要》为依据，以区域游戏活动、集体活动、户外活动、生活活动为载体，以劳动教育与德育、智育、体育、美育融合为创新点，梳理幼儿园劳动教育新内容，实践劳动教育的新路径，使教师获得挖掘劳动教育资源、开展劳动教育的新策略，使幼儿萌发劳动情感，懂得勤奋劳动，形成爱劳动、会劳动、能劳动的经验，逐步具有劳动精神，实现全面发展。

三、梳理内容

在广泛调研的基础上形成参考内容，在教师充分研讨、专家与核心组成员共同现场分析、案例指导的教研中梳理总结，形成了具有年龄特点的劳动教育内容：小班以自我服务、自理能力培养为主；中班以能自理、为集体、为他人服务为主；大班以为集体、为幼儿园、为社区服务为主，并实现从认识到情感、再从情感到认知的提升。

四、确定路径

以幼儿德智体美劳全面发展为目标，结合幼儿园劳动教育具有的生活性、生成性、随机性的特点，确定幼儿园劳动教育的"三维"实施路径。

（一）在一日生活环节中开展劳动教育

重点探索劳动教育在一日生活四个环节——生活活动、区域活动、集体活动、户外活动中的开展情况。尊重劳动教育的生活性、生成性、随机性的特点，

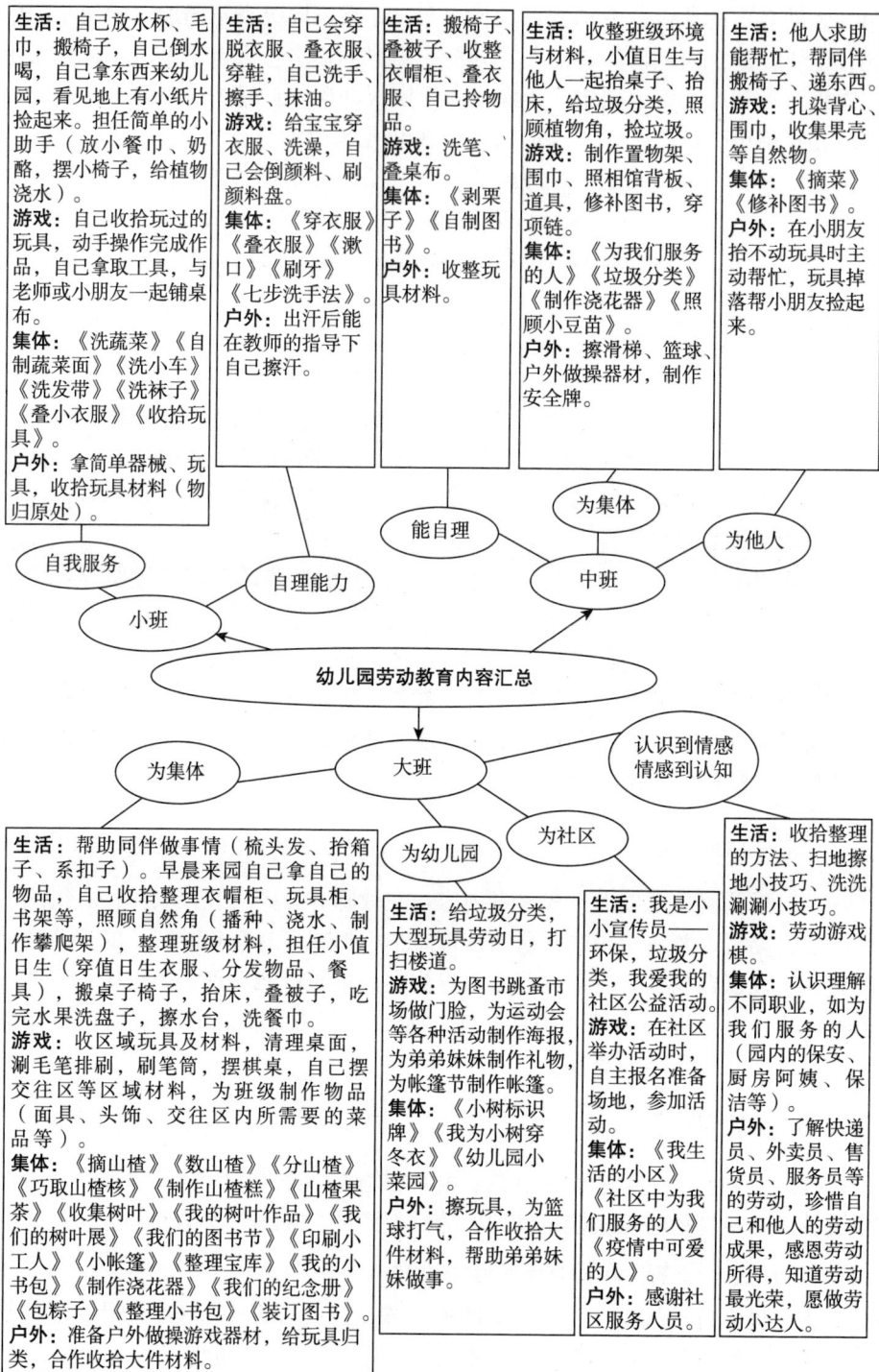

生活：自己放水杯、毛巾，搬椅子，自己倒水喝，看见地上有小纸片捡起来。担任简单的小助手（放小餐巾、奶酪，摆小椅子，给植物浇水）。
游戏：自己收拾玩过的玩具，动手操作完成作品，自己拿取工具，与老师或小朋友一起铺桌布。
集体：《洗蔬菜》《自制蔬菜面》《洗小车》《洗发带》《洗袜子》《叠小衣服》《收拾玩具》。
户外：拿简单器械、玩具，收拾玩具材料（物归原处）。

生活：自己会穿脱衣服、叠衣服、穿鞋，自己洗手、擦手、抹油。
游戏：给宝宝穿衣服、洗澡，自己会倒颜料、刷颜料盘。
集体：《穿衣服》《叠衣服》《漱口》《刷牙》《七步洗手法》。
户外：出汗后能在教师的指导下自己擦汗。

生活：搬椅子、叠被子、收整衣帽柜、叠衣服、自己拎物品。
游戏：洗笔、叠桌布。
集体：《剥栗子》《自制图书》。
户外：收整玩具材料。

生活：收整班级环境与材料，小值日生与他人一起抬桌子、抬床，给垃圾分类，照顾植物角，捡垃圾。
游戏：制作置物架、围巾、照相馆背板、道具，修补图书，穿项链。
集体：《为我们服务的人》《垃圾分类》《制作浇花器》《照顾小豆苗》。
户外：擦滑梯、篮球、户外做操器材，制作安全牌。

生活：他人求助能帮忙、帮同伴搬椅子、递东西。
游戏：扎染背心、围巾，收集果壳等自然物。
集体：《摘菜》《修补图书》。
户外：在小朋友抬不动玩具时主动帮忙，玩具掉落帮小朋友捡起来。

为集体 ← 能自理 → 为他人

自我服务 — 自理能力 — 中班

小班

幼儿园劳动教育内容汇总

为集体 — 大班 — 认识到情感 情感到认知

为幼儿园 为社区

生活：帮助同伴做事情（梳头发、抬箱子、系扣子）。早晨来园自己拿自己的物品，自己收拾整理衣帽柜、玩具柜、书架等，照顾自然角（播种、浇水、制作攀爬架），整理班级材料，担任小值日生（穿值日生衣服、分发物品、餐具），搬桌子椅子、抬床，叠被子，吃完水果洗盘子，擦水台，洗餐巾。
游戏：收区域玩具及材料，清理桌面，涮毛笔排刷，刷笔筒，摆棋桌，自己摆交往区等区域材料，为班级制作物品（面具、头饰、交往区内所需要的菜品等）。
集体：《摘山楂》《数山楂》《分山楂》《巧取山楂核》《制作山楂糕》《山楂果茶》《收集树叶》《我的树叶作品》《我们的树叶展》《我们的图书节》《印刷小工人》《小帐篷》《整理宝库》《我的小书包》《制作浇花器》《我们的纪念册》《包粽子》《整理小书包》《装订图书》。
户外：准备户外做操游戏器材，给玩具归类，合作收拾大件材料。

生活：给垃圾分类，大型玩具劳动日，打扫楼道。
游戏：为图书跳蚤市场做门脸，为运动会等各种活动制作海报，为弟弟妹妹制作礼物，为帐篷节制作帐篷。
集体：《小树标识牌》《我为小树穿冬衣》《幼儿园小菜园》。
户外：擦玩具，为篮球打气，合作收拾大件材料，帮助弟弟妹妹做事。

生活：我是小小宣传员——环保，垃圾分类，我爱我的社区公益活动。
游戏：在社区举办活动时，自主报名准备场地，参加活动。
集体：《我生活的小区》《社区中为我们服务的人》《疫情中可爱的人》。
户外：感谢社区服务人员。

生活：收拾整理的方法、扫地擦地小技巧、洗洗涮涮小技巧。
游戏：劳动游戏棋。
集体：认识理解不同职业，如为我们服务的人（园内的保安、厨房阿姨、保洁等）。
户外：了解快递员、外卖员、售货员、服务员等的劳动，珍惜自己和他人的劳动成果，感恩劳动所得，知道劳动最光荣，愿做劳动小达人。

在小中大班生活环节中，注重捕捉幼儿自然生发的劳动行为来开展劳动教育。运用白描式观察记录幼儿的游戏行为，将生活、区域、户外活动中开展的劳动教育实践以案例方式梳理总结，从案例背景、案例实录、辨识与分析、反思与策略四个方面落笔，筛选有效信息描述案例，深入分析幼儿园劳动教育的特点、幼儿劳动经验、劳动品质的积累情况，反思幼儿劳动经验迁移、自主劳动习惯养成，形成一日生活劳动教育典型案例。

如大风过后，中班幼儿在户外分散游戏环节发现了厚厚的落叶，便情不自禁地玩起落叶雨游戏，"落叶狂欢后"引发"碎碎的落叶怎么办""怎么扫落叶更快更方便"等话题，于是关于落叶的劳动教育活动自然地生发开展。

（二）将劳动教育与德智体美"四育"融合开展教学活动

遵循幼儿的年龄特点和学习方式，强调幼儿的亲身实践、直接感知，支持幼儿在劳动教育与德育、智育、体育、美育融合的教学活动中主动探索、操作，收获劳动的乐趣，产生劳动情感，养成爱劳动的习惯。

基于幼儿的兴趣点开展劳动教育，支持幼儿在兴趣的牵引下持续开展游戏活动，自然生发劳动教育行为，集中问题点进行集体教学活动，从设计意图、实施途径、活动目标、活动重点、活动难点、活动过程、活动延伸、活动反思八个方面着手，组织实施符合幼儿年龄特点的集体活动或者小组活动，让幼儿在活动中获得发展，形成集体教育活动典型案例。

（三）家园共育开展劳动教育

构建家园社协同的幼儿园劳动教育体系，引导幼儿在家中、在社区进行适宜的劳动。尊重幼儿个体差异，与家长一同发现幼儿的特质，在亲子共同参与、家园携手量身定制的劳动教育活动中促进幼儿产生劳动意识，初步掌握劳动的方法和技巧，在亲子劳动中体验服务家人、服务他人的乐趣。通过班级教师与家长深入沟通，指导家长在家中放手，与幼儿园一起培养幼儿独立自主、自信做事的品质。家园配合，以家长为主，支持幼儿在家庭、社区中进行劳动，记录幼儿劳动活动的过程，呈现家园共育开展劳动教育的典型案例。

如临近中秋，幼儿调查了中秋节的习俗，想亲手制作月饼皮和月饼馅。家长们提出可以制作南瓜红薯月饼，于是利用家长资源，幼儿了解了南瓜红薯月饼制作方法。教师根据幼儿意愿将幼儿分组。在中秋节当天，家长进入班级和幼儿共同制作南瓜红薯月饼。幼儿在此过程中体验到劳动的快乐，增强了劳动意识，提高了劳动本领。家长也加深了对劳动促进幼儿发展的认识，体验了难忘的亲子劳动时光。

五、扎实推进

（一）在案例研究中增强教师对幼儿劳动行为的识别、分析能力

围绕劳动教育内容的实施，每个月老师们撰写实践案例，利用案例小组研修、全园案例研究，对幼儿在劳动活动中的知情意行进行白描。通过白描，对幼儿从学习品质、能力进阶等方面进行分析，同时梳理出不同劳动教育内容中幼儿的发展点，丰富劳动教育内容。

（二）在劳动教育主题资源共享中固化经验

各班每学期开展一个劳动方面的主题活动。开展前，课题组成员组织年级组研讨，利用适宜的主题资源，围绕幼儿园自然资源、节日、节气，形成经验性劳动教育类别，如劳动节自我服务，清明节服务他人等。同时劳动教育骨干教师组织各班组进行劳动主题课程审议，以思维导图的形式设计主题。主题活动开展过程中，各班级逐步增强融合意识，在日常主题活动中融入劳动教育内容；注重整合，在生活环节、游戏环节、集体活动环节、户外活动四大环节中实施劳动教育，以劳动内容为切入点，延伸至五大领域，促进幼儿全面发展。主题活动开展后，形成小班《我的小手真能干》、中班《果实大丰收》、大班《劳动真快乐》等主题案例及思想转变、实践创新点的相关材料。

（三）以问题为导向，增长教师对幼儿园劳动教育的组织与梳理本领

针对问题，给予教师理论支撑。对劳动目标不理解、不清晰，不知道如何进行分析等问题，课题组筛选书目《幼儿园快乐与发展课程教师指导用书》《劳动教育论要》《学前课程与幸福童年》进行精读。如在阅读《幼儿园快乐与发展课程教师指导用书》一书时，仔细阅读书中劳动教育的目标，对照实例进行分析，在读书、分享、研讨中，丰富教师对于劳动教育内容的理解。

针对问题，加强实践，提升教师的分析与研究能力。在课题开展的过程中，以实践问题为导向开展针对性的研究实践。如针对主题案例、个案研究的文本，年级组长带头撰写文本，针对文本中出现的"个案中不突出发现问题、解决问题的过程，主题案例中内容过多，劳动教育部分撰写不突出"等问题，通过分层教研解决。以专家评价文本为例，在课题组教研、骨干组教研中深入领会、人人写案例、改案例，经专家再次指导后，形成样本文本，在全园教研中组织教师理解文本，针对个案、主题案例开展深入分析，针对专家指出的问题，逐一反推，攻破难题，使每一个个案研究凸显幼儿自主发现问题、解决问题的过程，注重分析幼儿解决问题的过程，推敲教师介入与支持的方法。

（四）在教学活动实践中促进师幼双发展

在个案研究、主题案例研究的基础上，进行劳动教育教学活动研究实践。

围绕幼儿的兴趣需要，教师设计以劳动为主要内容的集体活动，旨在产生具有代表性的劳动教育集体教学活动案例，如"巧取山楂核""锄草小达人""剥栗子""服装设计师""搭帐篷"等。通过集体教学活动研究，老师们对于目标以及活动过程中解决问题的策略更为清晰，观察解读幼儿的能力也有很大提升。

六、创新开展

（一）劳动教育实施主题化

将劳动教育的内容以主题活动的形式在园中研究实践，教师和幼儿围绕一个核心话题开展多种活动，包括教师基于幼儿的兴趣、需求调整预设生成主题，在主题下的区域游戏，在生活活动、户外活动、集体活动中进行劳动教育，促进幼儿园劳动教育开展逐步具有系统性、完整性、全面性的特点。

（二）劳动教育开展体系化

从纵向看，劳动教育研究实践在幼小衔接中深入开展。通过值日生、主动取放收整餐具、整理书包衣物等教育活动锻炼幼儿劳动能力，提前适应小学生活。通过制作玩具、安装新玩具、养殖动物、水培土培种植等教育活动，锻炼幼儿劳动技艺，实现与小学劳技等学科的衔接，奠基小学生勤劳奋斗、勇于探索等良好品质。

从横向看，劳动教育研究实践与家庭社区协同开展。在家园社联动中培养幼儿的劳动意识，在与家长的合作中，通过家庭劳动培养小妙招以及我的家庭劳动计划，提升家长在家庭中培养幼儿劳动的意识；与社区联动，在垃圾分类、社区游艺活动中为幼儿提供参与的机会，培养幼儿的劳动意识与能力。

（三）劳动主题资源类别化

在开展劳动主题的研究中，整合梳理众多资源，将适合劳动教育的资源分为三类——自然资源、社会资源、文学资源。其中，自然资源包括幼儿园里的植物、动物等以及外部自然资源。社会资源包括传统文化以及幼儿园周边一公里内的可用资源，将场所、人等不同的资源进行整合。文学资源包括图书、故事、影音资源。

七、形成成果

（一）提升对幼儿园劳动教育的认识

辨识幼儿园开展劳动教育的意义，提升对幼儿园开展劳动教育的认识。教师从专门设计劳动教学内容，逐步过渡到在生活中生成劳动教育内容、随机进行劳动教育。读书活动的开展，提升了教师对"幼儿园劳动教育"的理论认识水平，对劳动素养的认识也显著提升，能够在案例分析中针对劳动素养进行分析。

（二）形成幼儿园劳动教育成果

构建了"案例研修小组→骨干研修小组→年级组→课题组"四级课题研修机制，开展了"基于问题→案例跟进→专家引领→研训梳理→同伴互助"的研究模式。以幼儿为主体，梳理出我园劳动教育实施的目标、内容以及路径，从根源上解决教师不知道怎么实施，实施不准确的问题。深入研究实践劳动教育，形成多篇获奖论文。

八、谋划新篇

（一）持续提升教师研究与实践能力

开展劳动教育专题培训，引导教师了解不同年龄阶段幼儿应获得的劳动素养，同时结合劳动案例撰写研究分析，提高教师对小班幼儿自我服务、中班幼儿为他人服务、大班幼儿为集体服务的认知与把握。在劳动工具的使用和探究方面，加强观察、分析与支持，在效果评价中常反思，攻克薄弱点，支持幼儿深度游戏。

（二）在一日生活中自然开展劳动教育

在一日生活中注重对幼儿劳动意识、劳动情感、劳动能力的培养，引导教师了解幼儿的劳动素养是从日常教师的赏识、幼儿点滴的行动中积累出来的。每周有一天，教师用案例白描幼儿的劳动行为，使得教师更有意识地去观察幼儿的劳动行为。每个班每学期继续开展一个劳动主题，突出对劳动前后以及劳动过程中探究点的挖掘，鼓励幼儿在劳动主题活动中自然劳动，形成经验性劳动教育主题。

（三）拓展劳动教育资源

深入挖掘与利用已经梳理的资源，积极调动家长资源以及劳动场馆资源。教师亲身示范，带动幼儿与家长共同走进劳动场馆，在现实的劳动环境中，提高幼儿主动劳动的内驱力，同时深刻了解不同的劳动形式和方法。在活动后，教师可以将幼儿的所见所闻迁移到本班的区角活动中，巩固幼儿对劳动经验的再认知，激发幼儿在此基础上创造性地开展劳动。

（四）提升经验成果撰写能力

结合已有的论文、案例、研究报告等文本，聘请专家就劳动教育实践的过程性材料、结题文本撰写进行专题培训，保教干部、骨干教师带头撰写，请专家指导并反复修改，形成经验性文本。保教干部分析已有文本，形成培训讲稿，在全园范围内开展劳动经验成果撰写培训。骨干教师学习知网、学前教育杂志关于"幼儿园劳动教育"的优秀文章，通过全园培训共享撰写经验，引领教师形成高质量、体现新理念的案例等成果。

第 三 章

各年龄班一日生活环节中的
劳动教育案例

　　劳动对培养和发展幼儿积极健康的人生态度有着重要的意义。教师应形成正确的劳动培养观，帮助幼儿树立正确的劳动观念，有效促进其将来与社会和谐发展。教师要学会"在乎"孩子的每一份劳动，学会用语言和神态去认可他们，使幼儿的劳动热情得到进一步激发，使他们在这种积极的情绪中去摸索和学习劳动的方法，形成劳动意识，养成劳动习惯。生活即教育，教师要在日常生活中帮助幼儿逐步养成爱劳动、会劳动、懂劳动的良好素养。

第一节 小班一日生活环节中的劳动教育案例

《指南》指出，3~4岁幼儿自己能做的事情愿意自己做，并喜欢承担一些小任务。在一日生活中，小班以认识多种劳动，提升自我服务能力为核心目标。教师通过趣味儿歌、指导语，在引发幼儿自发行为的契机中支持幼儿在劳动中学习与交流，在劳动中梳理方法形成经验，进而愿意做更多的事情，在获得满足感、自信心的同时，获得劳动认知与情感的双重发展。教师要用正确的劳动价值观引领幼儿在劳动中体验快乐，增强幼儿劳动的积极性和参与性，感受自己做事的快乐与成功。

一、小班生活活动中的劳动教育案例

案例一：水渍擦干净了

案例背景

在一次加餐饮水环节中，潼潼发现桌子上有水渍，于是主动擦拭。

案例实录

加餐饮水环节到了，幼儿陆续拿好水杯，围坐在桌子旁有序饮水。在大部分幼儿都喝完水后，潼潼引起了我的注意。只见潼潼捏住桌子上的小毛巾，轻轻地擦拭起桌子上的水渍，一下、两下……很快这块小毛巾就散了。这时，潼潼换了一种方法，小手像老虎爪子一样抓紧小毛巾继续擦桌子，直至桌子上的水渍擦干净后，潼潼才将毛巾重新打开，边对边整理整齐再次放回盘子中。

送完水杯，潼潼又走到抽纸盒旁，从里面抽出了两张纸，走到盥洗室门口，蹲下来擦地上的水滴。待纸张正面浸透的情况下，她又将纸翻了个面继续擦拭。我被潼潼的行为深深地打动了。于是我走到潼潼身边："潼潼，你怎么擦了桌子又擦地呀？"潼潼羞涩地回答："小朋友把水弄洒了，我帮忙擦擦。"说完又低下头擦地上的水渍。"潼潼真是一朵彩虹色的花，不但自己不洒水，看到水渍还能帮忙擦干净。小手像小老虎的爪子一样抓着小毛巾，擦得真干净。老师和小朋友都要向你学习。"她听了高兴极了。

辨识与分析

潼潼有爱心、有耐心，具有一定的自我服务意识和劳动意识。从擦桌子、擦地的行为中可以看出，潼潼在生活中有一定的劳动经验积累：知道桌子上的水渍可以用毛巾擦，地上的水渍可以用纸巾擦，纸巾浸湿后可以翻面擦。

在遇到毛巾散开的情况时，潼潼能够结合所学擦桌子的儿歌"老虎爪子抓毛巾，一下两下擦干净"调整抓握毛巾的方法，可见其具有迁移经验的能力。

反思与策略

对于潼潼的劳动能力，可多给她提供机会，使其在各种尝试中继续积累做不同事情的方法，在提高自我服务能力的同时，进一步增强为他人服务的意识。

表扬幼儿的良好品质，引发同伴间的学习。有爱心、有耐心、主动帮助他人、爱劳动、会发现问题并解决问题等良好品质都是潼潼身上体现出来的，通过潼潼的榜样带动，让更多小朋友爱劳动。

对于洒水的现象，可以请幼儿共同讨论"水为什么洒了？水洒了会出现什么问题？我们的生活中还有什么是需要我们一起爱护，主动劳动的?"帮助幼儿解决生活中的问题，从而更好地自我服务。教师要抓住这一教育契机，通过故事、儿歌等多种形式以及一日生活各个环节培养幼儿良好的生活与卫生习惯，比如"老虎爪子擦桌子""消防员去运水"（发水壶）等游戏化的语言，引导幼儿在边说边玩中体验劳动的乐趣，在一日生活中逐渐形成自我服务、为他人服务的意识。

（郝艳泽）

案例二： 我来帮帮你

案例背景

天气凉了，小朋友们都穿上了比较厚的外套，这对部分还不能熟练掌握"抓领子、盖房子、钻袖子"的小朋友提出了不小的考验。每天户外活动前，老师们虽然都在忙碌地教小朋友穿衣服的方法，但"老师！我不会穿""老师请帮忙!"的声音还是此起彼伏地回响在班级的楼道中。

案例实录

穿衣环节，老师正教小朋友们塞衣服、拉拉链时，突然听到了这样的声音："你别急，不要哭，我来帮你!"顺着声音看去，奕铭正在帮助班里的书瑶穿衣服呢！只见他边说"我来帮你"，边从书瑶的手中接过书瑶的粉红色羽绒服，将羽绒服拎一拎、抖一抖，找到了领子。紧接着他将领子披在书瑶的肩膀上，对她说："钻袖子吧！"书瑶配合着将胳膊钻进了袖子。

衣服穿好了，奕铭顺势蹲了下来，准备为书瑶拉拉链（图1），边做边说儿歌"小汽车停进站"，小手灵活地将拉链拉了上去。书瑶的衣服穿好了，她终于笑了，奕铭也跟着笑了起来。

图 1

辨识与分析

1. 我愿意帮忙——劳动前，能及时发现小朋友的情绪变化。奕铭能关注到身旁小朋友的情绪变化，在发现小朋友因不会穿衣服而产生情绪时，能及时用自己的劳动去帮助小朋友。还能说较长的句子安慰他人，能将自己对别人的关心表达出来。

2. 我能帮忙——劳动时，自理能力在班级生活活动中得到提升。奕铭的小手灵活性较强，在幼儿园的培养中，自理能力得到了提高，能边做边说儿歌。

3. 我爱帮忙——劳动后，体验帮忙后的乐趣。在小朋友露出微笑后，奕铭也体会到了帮助他人的乐趣。

反思与策略

环境支持，让更多小朋友在多维互动中感受"我能行"。小班幼儿的自理能力提升需要教师的培养、支持，帮助幼儿在充分的师幼互动、幼幼互动与环境互动中熟悉穿衣的方法。首先，在环境互动中，班级中虽然开展了"我会这样穿"的集体活动，教师也在穿衣环节利用儿歌、动作提醒幼儿，但是楼道内缺少直观的穿衣步骤图示，图示可以支持少部分不会穿衣、有畏难情绪的幼儿在与环境的互动中增强自我服务的本领。其次，在师幼互动中，教师要多关注、鼓励部分动手能力较弱的幼儿，除了要利用儿歌帮助幼儿逐渐掌握穿衣方法，更要用支持的表情、态度及语言鼓励幼儿逐步增强自理能力，如"不着急，试一试，老师会等你"。最后，在幼幼互动中，要鼓励更多会穿衣服的小朋友帮助暂时不会穿衣服的小朋友，也可以请"小帮手"们"做一半、留一半"，帮小朋友们完成"拉链宝宝停进站后"，就请被帮助的小朋友自己将"汽车小拉链"开起来。

精神支持，在劳动教育中融合品德养成。劳动教育具有独特的融通性，教师观察到奕铭主动帮助小朋友的行为后，要利用聊天环节，将奕铭热心帮助小朋友的故事讲给全班小朋友和他的家长，使幼儿有爱心、乐于帮助他人的品质得到强化。

（刘运超）

案例三： 牛牛会脱裤子啦

案例背景

冬天天气转凉，幼儿穿上了厚厚的棉衣棉裤，这给幼儿在午睡环节穿脱衣服形成了一个"小挑战"。

案例实录

午睡时间到了，牛牛开始脱裤子准备睡觉了。只见牛牛的双手拉着裤腰，准备先脱裤子，但是身上大大的毛衣让牛牛的动作看起来有点吃力，不但没能脱掉裤子，还一下坐在了椅子上。牛牛抬头看看我，我给牛牛一个肯定的微笑，说："牛牛可以的，你再试一试。"牛牛随后坐在椅子上继续脱裤子，厚重的衣服压在屁股下边，牛牛用尽全身力气往下拽裤子，但是裤子纹丝不动。这时，牛牛改变策略，先把宽大的毛衣脱掉，然后脱裤子，这下容易多了，牛牛的两只小手握住裤子的松紧带一点一点往下拽。当脱到膝盖时，无论怎样使劲都脱不掉了，厚重的裤子在小腿处堆在一块儿。牛牛停了几秒钟，然后小腿绷直，小手拽裤脚，但是裤子像被吸铁石吸住了一样，牛牛的小脸憋得通红。

我蹲下来轻声说："牛牛，咱们脱裤子的儿歌你还记得吗？小腿弯一弯，抓住小洞洞，你来拽呀我来推，我的脚丫出来啦！"我在旁边说着，牛牛再次尝试脱裤子，小腿弯一弯，抓住小裤腿，往前使劲一拽，终于，裤子脱下来了。牛牛高兴地对我说："老师，牛牛会脱裤子啦！""牛牛真棒！牛牛经过自己的努力，终于成功啦！下次脱裤子时你还有什么好方法呢？墙上有什么能帮助你的呢？""我可以请小朋友帮助我，我还可以看墙上的脱衣服照片。"牛牛肯定地回答着。"对！相信牛牛可以做到的！加油！"听到老师的鼓励，牛牛用力地点点头。

辨识与分析

冬天，幼儿穿的衣服较厚重，对于幼儿穿脱衣服造成很大的困难。作为小班上学期的幼儿，其手指力量、生活自理能力都还较弱，所以穿脱衣服对幼儿来讲有一定的难度。比如，牛牛从脚下拽裤子时腿不能打弯，容易采取直接拖拽的方式。但是在脱裤子的过程中，牛牛不放弃、一直坚持自己的事情自己做；当发现毛衣会阻碍脱裤子时，会调整脱衣服的顺序；当发现一直坐着或一直站着没法顺利脱裤子时，就不断变化姿势。这都可以看出牛牛有初步自我服务的意识，但是缺少自我服务的方法。

幼儿的生活自理能力需要在不断地动手操作中体现，在实际操作中提升。在脱裤子遇到困难时，教师通过语言提示幼儿回忆脱裤子儿歌，让幼儿在游戏情境中逐步获得成功感，并抛出疑问"下次脱裤子时你还有什么好方法呢?"帮助幼儿获得多种穿脱衣服的好方法，发展良好的自我服务能力。

反思与策略

小班重点培养幼儿的生活自理能力，通过教师的支持，牛牛遇到困难时，能在坚持中获得经验，在不断变通中获得成功。在生活中、家园共育中要多开展穿脱衣物的活动，给幼儿更多的时间和空间，在自主探索中提高自我服务的能力。

1. 鼓励幼儿自己的事情自己做，在劳动意识的提升中增强自信。当幼儿在穿脱衣服总不成功时，教师需要给幼儿树立自信心，一句温暖的话、一个温暖的拥抱、一个肯定的眼神都是幼儿树立自信的抓手点。帮助幼儿调整穿脱衣服的动作，找到最方便的方法，让幼儿在动手操作中有初步的劳动意识，在获得成功感、愉悦感的同时，真正感受到自己是独立的个体。

2. 重视一日生活各个环节的价值，充分利用各环节帮助幼儿提升自我服务能力。例如，开展集体活动"小老鼠穿衣服""我会脱裤子""小肚皮不凉了"等，利用儿歌、故事、图片、情境再现、游戏化的语言引导幼儿掌握自我服务的方法，使其发挥主观能动性，形成良好的生活习惯，发展自我服务能力。

3. 在娃娃家中投放大小不同、胖瘦不一的娃娃以及不同款式的四季服装，如开衫衬衫、拉链外套、短裤、长裤、连体衣、裙子等，引导幼儿在游戏中为小娃娃服务，从而掌握自我服务的基本方法。

（郝艳泽）

案例四：两条腿变成一条腿了

案例背景

近期，班级开展了穿衣服的活动。午睡时间结束了，小朋友们在陆陆续续地穿衣服，老师用语言提示小朋友们穿衣服的方法。

案例实录

这天午睡起来后，小朋友们陆续坐在小椅子上穿衣服。有几个幼儿穿好了上衣正在穿裤子，还有的幼儿没有动手穿衣服。我说："小朋友的小手要动起来穿衣服啦，拿好衣服把头先钻进去，再伸出胳膊，穿裤子时先把裤子摆正，小口袋露在外面，一条腿先伸进去……"

我看到杨承翰双手抓着裤子，转头看着旁边的小朋友。我走到杨承翰身边轻轻地说："需要帮助吗？"杨承翰没有说话，点点头。他用手指了指裤子。我拿出他的裤子说："你找一找裤子的小兜在哪里？"他拿着裤子翻了一圈，眼睛一亮，看了看旁边小朋友的裤子又看了看我，我微笑点头给予他肯定。他低下头开始穿裤子，看到他开始动手穿裤子，我就去指导另一名小朋友。

过了一会儿我回头看他，发现他身边的小朋友穿好裤子正搬椅子离开，而他眉头紧锁，小手抓住裤子的两边，一条腿伸进去了，紧接着他抬腿把另外一条腿也伸进了刚才的裤腿里，这时两条腿在一个裤腿里"打架"了。看着他满脸通红，嘴里喘着粗气，我立刻走过去摸了摸他的后背，蹲下来说："你先把这条腿拿出来，看一看这条裤腿旁边还有什么？"他把腿拿出来后，双手撑起另一条裤腿，把腿伸进去，裤子穿好了。他开心地搬着椅子走了。

辨识与分析

小班幼儿开始适应幼儿园的生活，有自己动手穿衣服的意识。在老师用语言提示的情况下，幼儿把自己的上衣穿好，有了初步的自我服务意识。

通过观察和老师的指导解决问题，自己成功穿好裤子。穿裤子时，幼儿产生了畏难情绪，但是通过模仿学习，能够自己反复尝试。当两条腿穿到一条裤腿里时，说明幼儿没有掌握穿裤子的方法。老师走到孩子身边，蹲下来摸孩子的后背，缓解了孩子紧张的情绪，通过语言和动作示意等指导幼儿自己穿上了裤子。

反思与策略

1. 教师运用不同方式支持幼儿提升自理能力。初入园的幼儿自理能力较差，但模仿能力强，教师支持幼儿在反复地体验、操作中不断提升能力，掌握方法。把一些自理能力与游戏相结合，在兴趣中学习，在生活中不断解决小困难，在游戏中潜移默化地掌握简单的自理方法，感受到自己的力量。

2. 运用生动有趣的语言，激发幼儿主动做事情的意识，帮助幼儿克服困难。小班幼儿的思维处于具体形象思维阶段，因此应用生动有趣的语言，激起幼儿学习自己做事情的兴趣和愿望。教师对于幼儿的困难有预估，设计符合小班幼儿年龄特点的儿歌支持幼儿理解问题，并鼓励幼儿通过自己动手解决问题。

3. 家园合力增强幼儿劳动情感的获得。将幼儿园的好经验分享给家长，家园共同激发幼儿喜欢做事情的情感，为幼儿后续为他人、为集体劳动奠定情感基础。

（姜颖）

案例五： 我的衣服我整理

📋 案例背景

每个月的月底，幼儿都会将备用衣服带回家。本月底，幼儿开始收整衣帽柜，试着把备用衣服装进小书包。

📋 案例实录

琪琪快速拉开自己书包的小拉链，拿起地垫上的衣服直接放到了小书包里，装完三件衣服以后，小书包装满了，他用小手使劲把衣服往下按压了几下，接着拉起裤子的一条腿，边往书包里放边按压，衣服终于都塞进了书包里，可是小书包的拉链却拉不上了。只见他两条腿挤压着书包的两面，小嘴紧紧抿着，小手用力地拉着拉链，试了几次都没有成功。

旁边的豆豆不急不慢地叠着衣服，边叠边说叠衣服的儿歌。衣服都叠好后，一件一件地往书包里放。很快豆豆放好了衣服，拉好了拉链，大声地对我说："老师我弄好了。"大家都放下手里的工作抬头看豆豆。琪琪站起来对豆豆说："豆豆，你可以帮我拉一下拉链吗？我的衣服太多了，装不下。"豆豆说："我的衣服也很多，我的书包就能装下。"旁边的我皱着眉头，故作思考地说："对呀，衣服一样多，你的怎么就可以装下，你有什么好办法吗？""我的衣服都叠好了。"旁边的小朋友也马上附和着说："把衣服放整齐就可以装下，衣服乱糟糟地放在书包里，太乱，装不下。""我们看看是这样吗？"我轻轻地打开豆豆的书包，果然豆豆书包里的衣服整整齐齐地摆放着。我微笑着向豆豆竖起大拇指说："果然豆豆的衣服一件一件叠好放进去，书包就能拉上了。"孩子们不约而同地鼓起掌来，接着把自己书包里的衣服掏出来，开始重新整理。琪琪边叠衣服边放，嘴里还嘀咕着："我也要叠整齐，一件一件放好。"当他拉上拉链后，高兴地抱着书包围着大家跑了两圈。

辨识与分析

1. 小班幼儿愿意自己的事情自己做，有初步的自我服务意识。当接到自己整理小书包的任务后，孩子们就开心地跑出去，运用各种方式装衣服，可以看出孩子们愿意做自己力所能及的事情，有初步的自我服务意识。

2. 通过模仿同伴的好方法，有初步的整理收纳能力。幼儿在刚开始整理衣服的时候遇到困难，主动学习别的小朋友整理衣服的方法，把自己的衣服拿出来一件一件叠好，再整齐地放进书包里，这体现出小班幼儿的年龄特点，好奇好动好模仿。幼儿通过观察、模仿增强了整理收纳的本领。

3. 教师支持鼓励，帮助幼儿梳理劳动经验。教师在幼儿游戏中处在观察者的位置，赋权给幼儿，鼓励幼儿自己的事情自己做，同伴之间互相学习，以开放性的问题鼓励幼儿通过观察、思考，梳理整理小书包的成功经验，在反复调整中获得新的劳动经验。

反思与策略

小班幼儿自理能力的提升应与日常生活活动相结合。幼儿愿意参与日常生活中的劳动，愿意自己的事情自己做。每月开展的"我的小书包之旅"活动，让幼儿在游戏中做自己力所能及的事情。

教师及时发现、及时表扬，激励幼儿参与生活中更多的事情，使幼儿愿意参与劳动，提升劳动能力。

与家庭教育相结合，将幼儿在园叠衣服、整理书包的情况与家长沟通，并且鼓励孩子和爸爸妈妈分享自己整理衣服的好方法。引导家长在家中帮助幼儿一起整理孩子的衣柜、玩具等，鼓励幼儿自己的事情自己做，在扩展幼儿劳动经验的同时增进亲子间的互动。

（董丽华）

案例六： 把垃圾桶送回家

案例背景

在"小手真能干"的主题活动中，幼儿渴望自己的事情自己做，愿意去帮助同伴、班级做事情，大部分幼儿都能积极地参与到劳动中。

案例实录

今天下午的加餐水果是香蕉、火龙果和奶酪，好好很快就吃完了，并且将果皮轻轻地扔到了放在备餐桌边的厨余垃圾桶里，把盘子送回相应的位置。好好做完自己的事情后，看到小朋友们都吃完水果了，就抱起厨余垃圾桶要往垃圾桶的外箱里放。他一只脚踩着外箱下面的踏板，将垃圾桶横着放了进去（图 2），然后松开小脚，退后了两步，盖子并没有盖上，好好又回来试着竖着放，还把外箱盖子掀起来试了试。大概持续了 2 分钟，厨余垃圾桶还是没放进去。好好又把垃圾桶放在地上（图 3），用脚踩箱踏板，这时垃圾箱的盖子比刚才高了一点，好好往里面看了一眼，继续拿起垃圾桶往里放，横着试了试，尝试盖上盖子，但还是盖不上，他噘着小嘴说："还是盖不上啊！"好好又把垃圾桶拿了出来，仔细观察外箱，又抱起垃圾桶尝试竖着放，垃圾桶放进去了，好好兴奋地对我说："老师，快看，放好了。"

我为他竖起了大拇指，并且和他一起分析事情的经过，请他观察外箱里面的槽，看到里面有两个槽，刚好可以将垃圾桶放进去。好好接着按照刚才的方法把另一个垃圾桶也放了进去。

图 2

图 3

辨识与分析

1. 劳动教育需渗透在一日生活中，教师需要抓住幼儿能做、可以做的事情，为幼儿提供机会，此过程就是随机教育。好好能够主动把垃圾桶送回家，主动劳动的意识很强，也是一个很热心的小朋友，在第一次操作时，好好发现外箱的盖子没有盖上，主动探索，专注并坚持尝试。

2. 在第二次尝试中，好好把垃圾桶拿出来后，发现垃圾桶外箱里有槽，于是再次尝试，成功地把垃圾桶放好了。幼儿遇到困难后能去观察垃圾桶外箱的结构，并且根据观察到的情况调整自己的行为，最终获得成功，获得了劳动的技巧和能力。

反思与策略

在一日生活中增强幼儿自我服务的意识，从一日生活入手，为幼儿创设劳动的环境，给予幼儿动手的机会，比如独立穿脱衣服、自主进餐、盥洗等，让幼儿从自我服务中获得成就感。

鼓励幼儿树立为他人服务的意识，在自我服务的基础上力所能及地帮助同伴、服务班级，比如发水壶、发小餐巾、收拾玩具等。

家园共育，引导家长在生活中为孩子提供劳动的机会。通过与家长沟通，转变家长对劳动教育的错误认识，请家长在家里做好孩子的榜样及引导者，放手让幼儿在日常生活中帮忙倒垃圾、擦桌子、洗菜等，做一些力所能及的家务事，家园合力，共同促进幼儿劳动习惯的养成。

（高晨雪）

案例七： 我是勤劳的小蜜蜂

案例背景

幼儿初步适应了幼儿园的生活。通过观察，孩子们在动手劳动方面总会有畏难情绪，请求别人帮忙，还有自己不愿意动手劳动的现象。于是教师采取退一步的策略，当孩子遇到困难时，给予口头支持，促使幼儿自主行动。

案例实录

喝酸奶的时间到了，濮正钦自己插好了吸管，坐在小椅子上开始喝酸奶。喝到一半，濮正钦旁边的依然大喊："老师，他的酸奶漏了。"我连忙拿身旁的纸巾，还没有等我走过去，濮正钦自己站了起来，两只小手捧着酸奶杯的底，头一直低着，弯着身子朝垃圾桶的方向跑去。濮正钦扔掉了酸奶杯子，顺手从纸巾盒里抽出了几张纸巾。他走到自己的座位前，弯下腰将小椅子上的酸奶擦干净了。去扔纸的路上，他看见地上也有洒的酸奶，于是他又拿了几张纸去擦地上的酸奶（图4）。他蹲下来擦一下，站起来走一步，又蹲下来擦一下，就这样一直擦到了自己的座位处。他回头看了看干净的地面，脸上露出了微笑，高兴地把纸扔进了垃圾桶里。

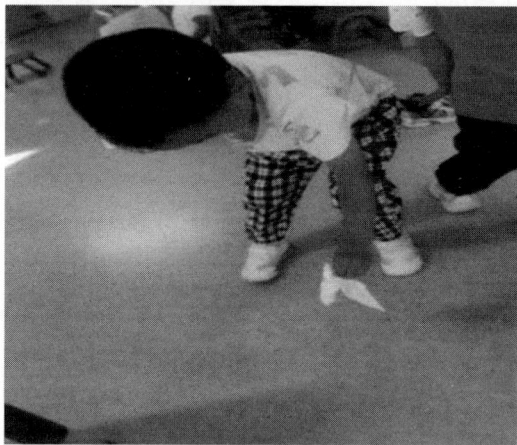

图 4

📋 辨识与分析

1. 通过适应幼儿园生活，养成了自己的事情自己做的好习惯。当酸奶洒了的时候，濮正钦能够自主想办法清理，而没有在原地等待，也没有寻求他人的帮助。

2. 幼儿有劳动意识，懂得珍惜他人的劳动成果，并有较高的劳动技能。濮正钦的劳动意识较强，从他用小手捧着酸奶杯的行为可以看出，他能够珍惜他人的劳动成果，不想让酸奶滴到干净的地上。在他发现地上也有酸奶的时候，他能够主动地去清理地面，反复站起蹲下，他并没有嫌麻烦，说明他是个热爱劳动、有良好卫生习惯的小朋友。

📋 反思与策略

用照片故事的方式还原洒奶的事，表扬鼓励濮正钦，为小朋友树立热爱劳动的榜样。教师可以和孩子们一起找一找酸奶杯漏的原因，一起解决问题。自主插吸管也是热爱劳动的行为，用什么方法插可以保证酸奶杯不漏呢？可以创设一面照片墙，采用直观的形式引导幼儿。创设可互动的墙饰还要考虑墙饰的高度和孩子们的兴趣。例如，孩子们喜欢小汽车就准备一些小汽车的贴花，根据幼儿当下的兴趣进行激励。

将案例故事以照片故事的形式发到班级群内，引发家长对幼儿劳动的关注。平时在班级群内推送一些培养幼儿劳动意识的文章，便于家长在家培养幼儿。

（樊晨曦）

案例八： 劳动真开心

案例背景

在劳动节的教育活动中，孩子们看到大班哥哥姐姐们为幼儿园做了很多事情，中班哥哥姐姐做了值日生，回到班里也纷纷讨论着自己可以做的事情。

案例实录

吃过早饭后，小朋友们陆续地送碗、擦嘴和漱口。溪溪和宁宁漱口后，和王老师要了小抹布："王老师，我想像昨天做活动时变成小侦探那样，找一块方方的小抹布。"王老师问："你要做什么呢？"溪溪指着桌子说："我要把小朋友吃完饭的桌子擦一擦。"王老师将抹布交给了溪溪和宁宁，说："向中班的哥哥姐姐一样做值日生，劳动很光荣哟！"

溪溪和宁宁拿着桌布，将其放在桌子上，双手按住向上推，推到最上面后，将布翻了个面，再将布拉回来，重复刚刚的动作（图5）。

小朋友们看到他们俩在擦桌子，纷纷表示："我也要擦桌子""我可以擦柜子""我能擦娃娃家"。宁宁说："你们都要擦的话，布都不够了。"小朋友问："那怎么办呀？"溪溪说："要不然你们也找王老师要一下，或者我们今天擦桌子，你们明天再擦。"

老师说："你们这么喜欢劳动，看来你们都是咱们班的劳动小达人呀！你们看看桌子怎样擦才能擦干净呢？"说完，老师播放了哥哥姐姐擦桌子的视频。宁宁："哦，一下一下地擦，你们看看对吗？我劳动的时候特别开心。"说着，宁宁和溪溪将桌

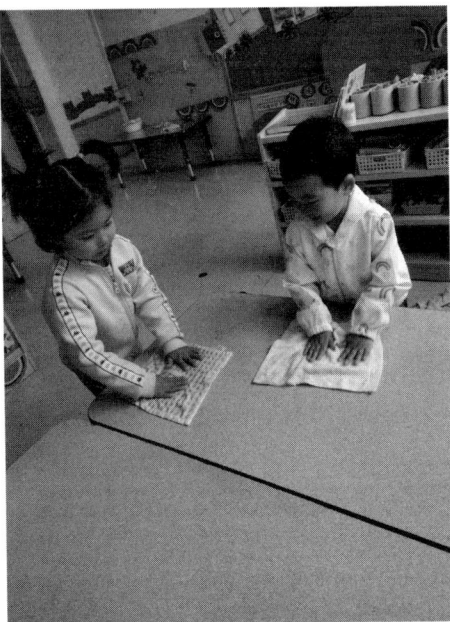

图 5

子都擦干净了，将抹布放回了盆里。

辨识与分析

1. 结合节日的劳动教育，让幼儿对劳动有了更为广泛的认知。结合班级、幼儿园的劳动节活动，幼儿看到了更多的劳动内容，并结合自身的生活经验，产生了更多的好奇与兴趣，这种情绪激发幼儿产生实际行动，她们认为自己也可以擦桌子、擦滑梯、给篮球打气等，在实际行动中感受到了劳动带来的快乐。

2. 结合幼儿兴趣，把握教育契机，梳理劳动经验。溪溪和宁宁擦桌子的方向虽然不同，但都是将布推到最远处，翻一个面再拉回来，这说明两位小朋友的观察能力非常强。幼儿后续对劳动的兴趣还需要老师的支持，老师通过播放视频，将擦桌子的方法面向集体进行了有效梳理。孩子们通过观察哥哥姐姐的劳动方法进行实际操作。

3. 在劳动中获得满足感，愿意为班级做事情。教师在观察时，发现溪溪和宁宁知道找王老师要小抹布，还给小朋友出主意，可见幼儿遇到问题时知道找谁求助，能够用自己的经验和逻辑思维能力来帮助幼儿，教师及时肯定幼儿的行为，帮助其树立自信心和责任感，从而愿意为班级做更多的事情。

反思与策略

1. 以"我是劳动小达人"活动提升幼儿劳动能力。《纲要》中指出，幼儿不是被动的"被保护者"，教师要尊重幼儿不断增长的独立需要，在教育幼儿的同时，帮助和指导他们学习生活自理能力，提高自我保护能力。可见生活中的劳动教育是从培养幼儿自理能力开始的，教师和家长为幼儿开展"自己的事情自己做"活动，引导幼儿提升劳动能力。

2. 开展区域游戏，提升幼儿劳动能力。区域游戏是提升幼儿劳动能力的重要途径，它能够帮助小班幼儿把抽象的劳动概念转为实践，使其提升劳动能力，树立良好的劳动意识。教师可以有效利用五一劳动节开启主题教育区域游戏，让幼儿在歌曲游戏、舞动游戏、表演游戏中学习如何劳动。同时，区域游戏中自评、互评的方法不仅可以提高幼儿的劳动能力和劳动热情，而且帮助幼儿树立自信心，形成良好的劳动习惯。

3. 家园共育，以活动"爸爸妈妈辛苦了"提升幼儿主动劳动的意识。家务劳动蕴含着丰富的教育价值，不仅能锻炼幼儿的自理能力，而且有助于幼儿与家长之间的情感交流，享受劳动成果带来的快乐。小班幼儿已具备参与力所能及家务劳动的能力，但是有些家长包办过多，没有给予幼儿参与劳动、锻炼能力的机会。为了让孩子们感受到家长平日劳动的辛苦，我们可以开展以"爸爸妈妈辛苦了"为主题的劳动活动。

（谢海颖）

案例九： 我把衣服掏出来了

案例背景

天气慢慢变冷，孩子们穿的衣服也慢慢多了。幼儿在午睡环节脱衣服的过程中总会把衣服翻过来。在翻衣服的过程中会遇到不知道从哪个洞洞翻出来的问题。小班幼儿的生活自理能力较弱，对衣服也没有充分的认识，分不清衣服的正反、前后，大部分幼儿都不能正确穿衣服。孩子们急需提高生活自理能力，解决实际生活中的问题，掌握生活必备技能。

案例实录

小艺脱好衣服以后把衣服叠上了，看着椅子上乱成一团的卫衣说："为什么衣服乱成了一团呢？我衣服上的小兔子不见了。"李老师："嗯，小兔子跑哪里去了呢？不在外面会在哪里呢？"小艺看了看说："好像在里面！"李老师："嗯，快把小兔子救出来吧！"小艺试了半天也没能把衣服翻过来，还把衣服翻得一团糟。李老师："还是救不出小兔子吗？要不你看看墙上的图片能不能帮助你？"小艺一边看图片一边把衣服翻了过来。一会儿小艺又发现了新问题："老师，我的袖子怎么和衣服拧在一起了。"李老师："你好像是从领口的洞洞伸进去的，看来这个洞洞不能把袖子掏出来。还有哪个洞洞能把袖子掏出来呢？"小艺试着从衣服下面的口掏，可还是没能成功。小艺拿着衣服观察了一会儿，又看了看墙上的步骤图，发现应该从肩膀处掏出来。"老师，我知道了，从这个洞洞就能把袖子掏出来！"小艺指着墙面的照片说。终于，小艺把衣服的袖子掏出来了，最后叠得整整齐齐的。

辨识与分析

1. 幼儿对衣服的里和外区分不清，对卫衣的构造不太清楚。"区分里外"是小班幼儿在感知形状与空间关系方面需掌握的内容之一。小艺会脱衣服，但是脱下来的衣服是翻过来的，在翻的时候对从哪里掏出来也不清楚。因为对衣服的构造不了解，所以在掏袖子的时候也不知道应该从哪里掏出来。

2. 幼儿会自主脱衣服，但没有掌握正确脱衣服的方法。脱衣服的过程有着重要的教育价值，能够培养幼儿的对比观察能力、空间想象力、身体和四肢的协调能力。由于幼儿没有掌握脱衣服的正确方法，因此衣服脱下来是翻过来的。

3. 教师的有效支持，逐步引导幼儿学会翻衣服。教师采用开放性的提问以及指向关键经验的提问指引幼儿逐步学会叠衣服和翻衣服。如"嗯？袖子不见了呀，袖子不在外面，那它会去哪里呢？"，逐步引导幼儿发现卫衣的秘密。

4. 有效的环境创设，提高幼儿的生活自理能力。环境是幼儿发展的重要资源，良好的区角环境能为幼儿提供自我学习、自我探索、自我发现、自我完善的空间。创设适宜的区角环境是培养小班幼儿自理能力的一个重要途径。教师在墙面上粘贴的穿衣服、叠衣服、翻衣服的步骤图可以供幼儿自主学习。

反思与策略

通过观察，幼儿急需解决的问题是认识衣服的构造。通过教育活动"我喜欢的衣服"、调查活动"衣服大调查""衣服大揭秘"等来了解不同衣服的特点，发现衣服是有正反的，并通过讨论发现区分正反的方法。重点是请幼儿了解衣服的四个洞洞，有助于幼儿正确翻衣服。

通过儿歌和游戏引导幼儿学会正确脱衣服的方法，引发幼儿自己脱衣服的兴趣。如"拉着小洞洞、小手藏起来。小手伸出来，抓住大洞洞。用力往上拉，露出小脑袋。"教师和幼儿边说边做，教师一对一指导幼儿掌握正确的脱衣方法。还可以玩角色游戏"给娃娃穿衣服、脱鞋子"，进行"穿衣服、穿鞋子比赛"等。这些游戏符合幼儿的学习特点，会让幼儿在边玩边学中掌握技能。

发挥同伴学习的作用。在每日穿脱衣服环节，请掌握脱衣服方法的小朋友帮助不会脱衣服的小朋友。既使会脱衣服的幼儿体验到为他人服务的乐趣，又能使不会脱衣服的幼儿提高自我服务的意识和能力。

家园共育，共同寻找培养幼儿自理能力的方法。通过家访了解到父母在家比较注重外套的穿脱和叠放，对于穿脱和叠放卫衣的方法还未涉及，所以幼儿在这方面存在困难。通过给家长分享有关脱叠卫衣方法的视频，引导家长在家培养幼儿。

创设的"我会穿脱衣服"墙面环境可以细化为"正确穿衣服、裤子、鞋子、袜子"等的动作分解图，制作小班幼儿能接受、理解的步骤图。这些学习情境能起到积极暗示的作用，不仅能提高幼儿劳动的技能和兴趣，而且能让幼儿潜移默化地积累劳动经验。幼儿在劳动中发现自己的小手能做很多事，感知到劳动很光荣，进而产生更浓厚的劳动兴趣和劳动热情。

（李鑫洋）

二、小班区域游戏中的劳动教育案例

案例一：天凉了，"宝宝"也要穿得暖和些

案例背景

为了丰富幼儿的游戏经验，我们在娃娃家中开展了"我是小爸爸""我是小妈妈"的主题活动。在活动中，教师和幼儿共同梳理了爸爸妈妈的工作，也根据天气的变化在娃娃家中增添了秋冬季的服装，促使幼儿生成给"宝宝"穿衣服、穿袜子、叠衣服的游戏。

案例实录

今天迪迪来到了娃娃家，给"宝宝"做完饭后，走到床边抱起一个小娃娃。看到小娃娃没有穿衣服，笑着说："小宝宝还光着小屁股。"她从衣架上摘下一件衣服说："给宝宝穿件衣服。"迪迪先把衣服放在"宝宝"身上比了比，说："这件衣服太大了。"然后抱着"宝宝"走到衣柜前，从里面找了一件合适的衣服。迪迪一只手轻轻地抬起小"宝宝"的胳膊，另一只手拿着衣服的袖子往"宝宝"的胳膊上套（图6）。衣服穿好后，从下面的扣子开始，一个一个给"宝宝"系上。我看到以后，走到旁边说："迪迪，你真是一个非常温柔而且有爱心的妈妈，我看到你给宝宝穿衣服时动作非常轻，害怕会把小宝宝弄疼。你的宝宝肯定非常喜欢你帮她穿衣服。穿上衣服的小宝宝现在一定非常暖和。天气冷了，宝宝穿上暖暖的衣服就不会着凉生病。等天气变热了，我们再给他们穿上薄薄的小短袖，宝宝肯定觉得特别舒服。"迪迪听完以后笑着点点头，接着抱起"宝宝"准备喂饭了。

图 6

辨识与分析

借助"我是小爸爸""我是小妈妈"的主题活动,在娃娃家中提供各种劳动材料,让幼儿在成为"小爸爸""小妈妈"的过程中获得劳动体验和技能,树立劳动意识,提升劳动经验。

生活即教育,幼儿在游戏中能够将生活经验很好地迁移到游戏中去。通过给"宝宝"摘衣服、比一比、穿衣服、系扣子等一系列活动,幼儿增强了动手能力。他们也在游戏和生活中尝试着做一些力所能及的事情,体验到劳动的乐趣和自豪感。

反思与策略

幼儿在游戏活动中愿意给"宝宝"穿衣服,但是会遇到困难,如扣子扣不上、拉锁不会拉等。可以在区域中粘贴一些给宝宝穿衣服的图片,便于幼儿直观地看到。还可以在班里各个区角中投放幼儿可以操作的材料,如穿衣服、系扣子、拉拉锁等材料,发展幼儿的小肌肉动作,满足幼儿在一日生活中动手操作的需求。

在过渡环节,教师可以带幼儿通过儿歌的形式学习如何自己穿脱衣服,如何帮助宝宝穿不同的衣服。让娃娃家成为幼儿生活的缩影,给予幼儿充分动手操作的机会。

(武子威)

案例二: 小"渣渣"怎么收

案例背景

班级新开设了蛋糕房,幼儿在区域游戏时间,利用超轻泥制作蛋糕。但在收区时,师幼共同发现:经常有小泥渣遗留在桌子上、地面上。师幼就此类情况展开过讨论,孩子们提到"要认真看看,都收完再离开""互相帮忙收""边玩边整理"等方法。

案例实录

活动区游戏结束了,收区的音乐一响起来,在建筑区游戏的果果就快速在积木柜子及建筑区地垫间流转,将几块散落在地垫上的积木收拾起来,然后很快穿好鞋子,站在地线上准备进行今天的活动区分享。

可一旁"金凤成祥"蛋糕店的杧果和康康还在收拾整理中,教师也在一旁帮助整理，桌面上的材料很快被收拾到了玩具车内。这时站在一旁的果果突然用略带着急的口吻说："不对，你们还不能走！你们桌子上还有很多小渣渣！"听到果果的话，杜果和康康相视一笑，康康用略微抱歉的语气说："哎呀忘了！"杜果没说话，但已经开始用食指、大拇指捏起小泥渣。一旁的果果语气变得柔和一些："我来帮你们吧！"接着也加入收拾桌面的工作中。今天桌上的小泥渣不少，三位小朋友不停地用手捏着，捏了几下便快步走到一旁的垃圾桶前扔掉小泥渣，几个回合下来，还是有一些碎屑。这时果果突然眼睛一亮："我有办法了！扫一下不就行了！"说罢走到美工区，拿来了小扫把和小簸箕，将泥渣一下一下地扫进了簸箕里（图7）。

图 7

活动区分享时，当教师请三位幼儿分享时，果果抢先，大声说着刚才发生的事情："我一个人把泥渣都收了！捏着很麻烦，我就找来了小扫把！"教师在肯定果果的同时，也鼓励康康、杜果，然后又提出问题："今天果果想到了用小扫把清扫泥渣，和之前小朋友用手捏的方法有什么不一样？"兜兜立刻回复："这样收更快了！"安歆说："收得很干净。"和果果一同收拾的康康说："而且还不累，不用一直用手捡。"

辨识与分析

1. 细心观察，能发现需要保持整洁的环境材料。果果在完成了自己的收拾整理工作后，发现蛋糕店的小朋友没有及时将小泥渣清理掉，急忙用语言提醒同伴，证明幼儿有一定的规则意识，善于发现周围环境中需要保持整洁的材料。

2. 积极思考，能在劳动中调整自己的收拾整理方法与策略。在清理小泥渣这种细碎的物品时，果果先是和同伴一起用手捏，小手的动作灵活协调，再到发现捏的方法"效率不高"时，积极思考，想到了可以用簸箕扫把来清理。

3. 体验劳动的快乐与成就感。果果在分享环节时说道："我一个人把泥渣收了。"证明果果对自己今天劳动的过程及方法感到很骄傲、自豪。但情况与教师观察到的情况略有出入，康康与杌果也参与了清理，是三位幼儿一起劳动的，所以教师也鼓励了康康和杌果。

反思与策略

1. 分享故事，鼓励更多幼儿体会到劳动很光荣。将三位幼儿细致、耐心地清理小泥渣的故事分享给全班幼儿，激发集体幼儿萌发独立完成材料收拾整理的愿望，树立劳动真光荣的意识。

2. 引发思考，"小小泥渣"还能怎么收。在讨论中，教师有意识地引导幼儿说出利用工具收泥渣与用手捏的区别，引发集体幼儿积累"用扫把扫比用手捏更快、更方便"的经验，并对劳动工具的使用、劳动方法产生更深入的思考。

3. 引导幼儿尊重同伴的劳动成果。果果对自己今天的劳动成果很满意、自豪，但同时教师也让幼儿意识到是"康康、杌果和果果三人一起收拾干净的，每个人的劳动都了不起，我们在一起，能完成更多事情！"

（刘运超）

案例三：我是巧手小厨师

案例背景

本月开展的是"蔬菜的秘密"主题活动，幼儿从家里带来了各种不同的蔬菜，娃娃家的幼儿非常喜欢玩切菜、炒菜的游戏，纷纷当起了小厨师。

案例实录

俊楠来到娃娃家，脱下鞋子放到鞋架上，然后打开金针菇的袋子，把金针菇拿出来几根放到案板上，接着又拿来刀，左手按住金针菇，右手拿刀，把金针菇切成一段一段的，切完后放到盘子里。顾顾看到了说："你这个好长呀，宝宝怎么吃得了?"俊楠说："别着急，我是巧手小厨师，我再试一试。"

这一次他又拿出来几根金针菇，没有马上切断，而是先用手把金针菇撕开，然后把撕好的金针菇用刀切，切的时候他比了比，切成一段一段的之后，又将小段切成更小的段（图8、图9）。

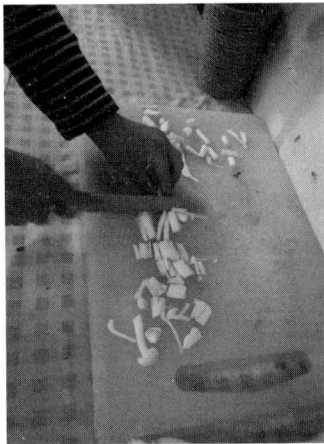

图8   图9

📝 辨识与分析

幼儿有角色意识，在整个游戏过程中，始终对自己的工作全神贯注。切菜时，幼儿用左手按住菜、用右手拿刀切的动作说明幼儿初步掌握了切菜工具的使用方法。

面对同伴提出的问题，幼儿能够接受意见并立刻做出调整，说明幼儿在游戏中有初步的劳动意识与劳动能力，能够接受他人的意见。

📝 反思与策略

借助活动"我是巧手小厨师"中的切菜方法提升幼儿小肌肉的灵活性，帮助幼儿掌握切菜的方法。

把幼儿探索出的两种切菜方法进行分享，并呈现步骤图示，鼓励幼儿间的模仿学习，创造性地进行操作。

肯定幼儿接纳他人意见的好品质，并分享给班级幼儿。

（王萌）

三、小班户外活动中的劳动教育案例

案例一： 球宝宝脏了

案例背景

户外活动快结束时，突然刮起了大风，在回班的途中，孩子们看到班级门口的草丛里有一个篮球，便主动地捡回来带到班里，准备等大风停了再送回篮球筐。

案例实录

孩子们将篮球拿回班里放到地上。夏闻彬发现球上面有土，就指着篮球说："老师，篮球上面有土，有点脏了。"我："哦，你的眼睛很亮，发现篮球宝宝身上脏了。"夏闻彬："球身上有土，球身上的土掉到地上了。"我："是的，地上还真的有一点土，那怎么办呢?"夏闻彬："我们把球擦一擦，它就干净了，再把地上的土扫一扫。"我："这真是好办法，一会儿我们就来试一试。"这时其他小朋友也纷纷说："老师，我也想擦一擦球宝宝，我也想让篮球变干净。"我："哇，这么多小朋友都想帮球宝宝变干净，我们就一个篮球，怎么办啊?"夏闻彬："咱们操场有很多篮球，刮风了，球肯定都脏了，我们可以去擦一擦，让它们变干净。"夏闻彬说完后，马上得到了全班小朋友的认可。

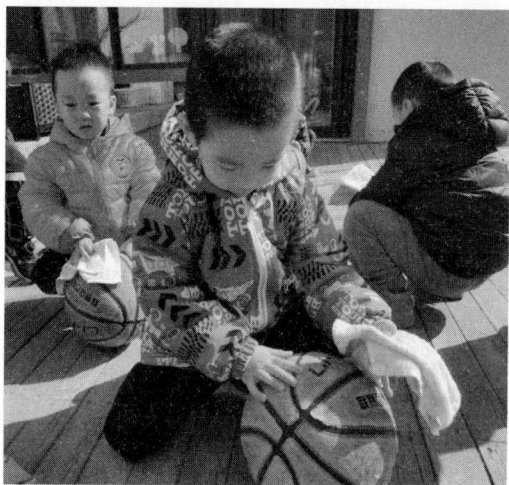

图 10

于是在户外活动时间，我们一起拿着抹布，将操场内的篮球都擦了（图 10）。在擦的过程中孩子们发现：因为篮球筐有罩子罩着，大多数篮球都是很干净的，只有个别篮球有一点点土，大家很认真地将土擦掉。有的篮球缝隙里有土，用干的抹布擦不掉，孩子们想到把抹布蘸一点水，用布的角对准球的缝隙，这样就能把缝隙里的土擦干净了。有个别篮球的外皮坏了，幼儿说可以用胶水粘一粘。

辨识与分析

孩子们意外发现球宝宝掉到草丛里，便主动将球捡回来。在发现球脏了以后积极想办法，听到夏闻彬小朋友要擦球，班级大部分幼儿都争着要去擦，孩子们都愿意参与劳动，想帮球宝宝变干净。说明孩子们有爱心，同时已经有了初步的劳动意识和劳动兴趣。教师对孩子们的劳动愿望给予相应的支持，提供时间和材料，让孩子们在劳动实践中获得了满足。

在擦球的过程中，孩子们也在不断尝试，有初步发现问题、解决问题的意识和能力。

反思与策略

小班幼儿的劳动多在无意识中进行，他们觉得这是在游戏，对劳动游戏充满兴趣。教师要能及时关注幼儿，对幼儿爱护园内设施的行为和想让球宝宝变干净的劳动兴趣给予适宜的肯定和支持，使孩子们在劳动中获得成功的体验。

在擦球的过程中，孩子们发现有的球外皮坏了，教师可以追随孩子们的发现，鼓励他们继续帮助球宝宝。

（张娜）

案例二： 捡拾花瓣真好玩

案例背景

春天来了，幼儿园里的果树都开花了，每天幼儿都会去看一看、闻一闻、摸一摸。随着时间的推移，花瓣开得特别旺盛，也逐渐到了该掉落的时候。

案例实录

加餐后，幼儿马上要到户外游戏，推开门的一刹那，一阵风吹过，她们兴奋地叫了起来："哇！地上好多花瓣啊！好漂亮啊！""为什么会有这么多花瓣呢？""怎么没有人清理呢？"孩子们看到远处的保洁老师正在扫地上的叶子，连忙说："我们去帮忙捡花瓣吧，把地面都收拾干净了。"老师认可了幼儿的想法。

到了户外，幼儿开始小心翼翼地捡花瓣。玥玥手里握着些花瓣递给老师说："我要把地上的花瓣都捡起来。你看我捡到的花瓣多不多？"看到她们一个一个去捡花瓣，老师问道："用什么方法能快一点把这些花瓣都收拾起来呢？"有的说可以用小铲子，有的说可以用笤帚，还有的说用手抓。老师追问道：

"这么多花瓣，我们把它放在哪儿呢？"小朋友们纷纷想出办法，说："我们可以用酸奶盒，捡完都放到盒子。""我们可以用手把它堆起来。""我们可以用塑料袋装。"

说完，孩子们从班里找来了材料开始清理花瓣。有的小朋友用小手一点一点地捧起"花瓣山"，再放到酸奶盒里；有的小朋友用小木棍归拢更多的花瓣；有几个小朋友往塑料袋里装花瓣；有的小朋友边捡边数了起来；还有的小朋友一只手捡，另一只手拿起衣服往上一兜，变成了一个可以放花瓣的容器。在小朋友们的齐心协力下，地上的花瓣清理干净了。看着这么多花瓣，老师说："捡到的这些花瓣要放到哪里去呢？"有的说："我们可以把破了的扔到垃圾桶里。"还有的说："没破的可以放在班里，香香的。"说完，孩子们开始分拣花瓣。

辨识与分析

1. 幼儿无意中发现花瓣掉落的情况，关注到身边的人的劳动行为，于是萌发了去捡花瓣的想法。从幼儿的表现来看，他们对捡花瓣的活动很感兴趣，愿意尝试用自己的方法来收集花瓣。幼儿的兴趣点是他们主动学习的起点，由幼儿的兴趣点引发的教育才能成为幼儿主动学习的内部动机。

2. 教师给予幼儿自己动手探索的机会。教师能细心地观察、倾听幼儿的言行，及时抓住他们的兴趣点，由浅入深地鼓励他们以自己喜欢的方式来收集花瓣。幼儿的学习以直接经验为基础，通过直接感知、实际操作和亲身体验获取经验。实践是认识的来源，小朋友们通过尝试不同的方式和材料，探索出了收集花瓣的方法。

3. 教师根据幼儿的兴趣需要，结合幼儿园的自然资源，给幼儿提供了参与劳动的机会和空间。当看到小朋友一个一个捡的时候，运用提问的方式有效地激发孩子积极思考快速收拾的方法。在满足幼儿动手、动口需要的同时，注重让他们的思维参与其中。

4. 从幼儿无目的地捡花瓣到有想法地进行游戏，教师起到了有效的支持者、引导者的作用。教师能够关注幼儿的游戏现状，最大限度地支持每一位幼儿的发展。

反思与策略

1. 教师将幼儿收集花瓣的行为和处理方法用照片的形式记录下来，鼓励幼儿在兴趣中产生劳动行为，并在劳动的过程中思考。教师抓住幼儿探究学习的方法，与幼儿一起交流，经验共享，在互动中提升幼儿的经验。

2. 在游戏过程中，教师要注重师幼互动质量，善于观察，在观察中发现教育契机，运用高质量的提问与幼儿互动。

3. 在资源利用方面，教师要为幼儿提供充分游戏探索的空间和时间。在日常生活中多为幼儿提供一些参与劳动的机会，结合幼儿的年龄特点，注重劳动活动的趣味性、游戏性。

（杨小平）

第二节　中班一日生活环节中的劳动教育案例

中班幼儿愿意帮老师做事情、为小朋友们服务，渴望自己的劳动被认可，有初步的责任感。同时，中班幼儿的动手能力较小班有明显的提高，但是劳动缺乏计划性与分工合作的意识，劳动的积极性容易受到劳动内容的影响。教师要充分地激发中班幼儿参与劳动的积极性，通过值日生、小组劳动和劳动主题活动，及时抓住幼儿的生活需要和一日活动需要，让幼儿在劳动中认识、了解劳动工具，发现并尝试解决问题，培养幼儿自我服务、为他人劳动及为集体劳动的能力，逐渐提升幼儿的独立性和自主性。

一、中班生活活动中的劳动教育案例

案例一：　小镜子你别哭

案例背景

幼儿洗手后，盥洗室的镜子、台面容易有一些水渍。最近不仅水渍少了，镜子也变得更干净了。原来是有一个爱劳动的"小雷锋"在帮忙……

案例实录

最近我发现盥洗室的镜子总是湿湿的，可是当我忙完准备打扫的时候，小镜子却突然变干净了，究竟是谁擦干净的呢？

今天我在盥洗室里进行观察，希望能找到这个神秘的"雷锋"小朋友。小朋友们陆续都来洗手，准备进入加餐环节了。女孩子先进来洗手，然后有序去进行加餐。过一会儿男孩子开始洗手了，泽泽主动退后一步，让其他小朋友先洗，自己站在最后一个。"洗完手要在水池里把手上的水甩干净，别滴在外面了啊。"泽泽在后面轻声对前边的宇宇说。

虽然有了泽泽的提醒，但是所有小朋友都洗完手后，台面上还是留下了一点水渍，于是泽泽去窗台拿了备用的小毛巾开始擦拭镜子和台面。擦第一遍时，毛巾吸了好多水，镜子上面还有水痕，于是泽泽改用"鸡皮布"擦拭第二遍，依次从上往下擦，镜子一下就干净了。原来小"雷锋"是泽泽啊，我赶紧用手机记录下这一刻。"泽泽，原来是你主动在擦水渍，小镜子不哭了。""我看到老师是这样擦镜子的，所以我来帮帮忙。"泽泽回答说。"你真是爱劳动的小朋友，谢谢你的帮忙。小镜子都开心啦!"听到我的赞扬，泽泽害羞地抿抿嘴。

辨识与分析

通过对泽泽在盥洗室一系列活动的观察，可以看出泽泽是一个有爱心、有责任心、爱劳动的小朋友。排队时主动退后一步，让其他小朋友优先洗手。当镜子上沾满了水渍，泽泽有很强的劳动意识，知道主动将镜子擦拭干净。在擦拭中还会调整擦拭的方法，第一次用毛巾，第二次用"鸡皮布"，按照从上往下的顺序进行擦拭，可以看出泽泽有很强的模仿能力，愿意模仿老师进行劳动，这也说明幼儿的劳动技能是通过模仿获得的。

反思与策略

首先，幼儿盥洗时容易把水渍滴在台面和镜子上，原因可能是水龙头的水量大、幼儿甩手时不小心洒在外面。发现这一现象时，需要教师抓住教育契机，如通过提问引发幼儿的关注："盥洗室的镜子、台面湿了，为什么会出现这个情况呢? 老师擦着好辛苦啊。谁愿意帮忙呢?"幼儿会反思并讨论镜子湿的原因，从而通过调整水流大小、轻轻甩手、脏了随时擦一擦等方式保护镜子，在盥洗环节懂得尊重他人的劳动成果。

其次，幼儿喜欢模仿他人的行为表现，所以教师在一日环节中要做好榜样示范作用，为幼儿提供简单的劳动方法，可以通过亲身示范、图片引导、音乐提示等方式，让幼儿在轻松的氛围中掌握劳动的基本技能，营造班级良好的劳动氛围。

最后，在幼儿园可以引导幼儿充分参与到劳动活动中，只有亲身体验劳动，才能懂得劳动的辛苦，学会尊重他人的劳动成果。比如，发小毛巾、当值日生、浇花、照顾小金鱼等。引导幼儿在为班级服务的过程中体会劳动的快乐，锻炼自理能力，培养吃苦耐劳的精神。

（郝艳泽）

案例二： 我是叠被子小能手

案例背景

进入中班下学期后，大部分孩子对于独立穿衣、穿鞋已得心应手，可是午睡结束后，眼看着孩子们整装待发，却没有人照顾一下床铺，可怜的被子就这样东倒西歪、杂七杂八地躺在那里。

案例实录

这时老师对吃完午点的小朋友说："哪个小朋友愿意来当老师的小助手一起叠被子呢？"禹泽马上转过头来，大声说："我愿意，我愿意！"接着快速转身，抓起被角将被子抖开。他先把床头的两角抖开，再把床尾的两角抖开，发现被子中心处还有些皱巴。只见他俯下身，两只手掌将被子向两端捋平铺开，把一边向中心折进去，再折另一边，最后对折。此时他见里侧有一点点不平，马上把被子"哗"一下甩开铺平，重新开始叠。这一次，被子叠得非常完美。他就抱着被子放到了床头，结果没放好，于是他又把被子抖开，铺在地上重新叠了起来……反复几次，其他孩子都陆续离开了寝室，就剩他一个人了，可他仍旧反复叠着自己的小被子。我看到他反复失败，对他说："禹泽，要不你请一个小伙伴一起合作试一试好吗？"听到我的建议，他环顾了四周，看到静怡在旁边，就请求她说："我们一起叠好吗？"静怡答应了他的请求。于是他选择了一头，让静怡到另外一头，对静怡说："我们一起拉好两个被子角，先把这边往里面折。"他一边说一边带动着静怡把自己左手边的被子往里面折了起来，然后两个人一起折好另外一边（图11）。这时禹泽看了看被子说："你那边有绳子，你应该往里面折。"静怡完成后，禹泽说："我们一起抓好，翻烙饼啦！"

图 11

辨识与分析

1. 不怕困难，能够总结失败教训，探索叠被子的方法。《指南》指出，"幼儿能按类别整理好自己的物品"。幼儿午睡起床后，有个别动手能力强的幼儿互相合作叠被子，但是在叠被子的过程中没有掌握正确的方法，所以叠被子的过程有点曲折。禹泽能主动帮忙整理床铺是一大进步。可是在整理的过程中还是有方法上的问题，从高高掀起、缓缓放下的动作中可以看到禹泽还是总结了之前的失败教训，调整了自己的动作。禹泽已经学会了自我总结，找到了整理被子的方法。同时我们也感受到禹泽对于劳动的热情，劳动已经成为他主动想做的事情。

2. 主动寻求同伴的帮助，共同解锁叠被子的方法。在遇到一个人无法叠好被子的问题时，禹泽并没有放弃，而是耐心地思考解决的方法，主动寻求同伴的帮助一起完成，并能为静怡提出有效的折叠方法，以便更好地合作。

反思与策略

1. 解锁叠被子的方法，在观察探索中提升经验。在日常观察中，幼儿发现老师叠被子总是又快又好，于是开始细致观察，他们发现老师总是把被子的角叠在一起。在讨论中，孩子们梳理出了叠被子的好方法：找到四个角，短边两角对对碰，叠好理整齐。

2. 注意倾听，让劳动成为幼儿自己想做的事情。教师转换视角，倾听幼儿的声音，发现孩子对于劳动的需求。班中大多数幼儿对叠被子充满兴趣，他们愿意主动尝试叠被子的好方法。"巧叠被子""叠被子小达人"等活动可以帮助幼儿找到快速叠被子的办法，节省时间，提高效率。

3. 家园携手，给幼儿提供劳动的机会。家园沟通，让家长了解孩子进入中班后应该提高的自理能力有哪些，同时也向家长反馈孩子在幼儿园的情况，鼓励家长让孩子在家自己的事自己做，少包办代替，并对孩子的进步加以鼓励和肯定。

（沙飞）

案例三：小柜子笑了

案例背景

班级前段时间开展了"干净小超人"主题活动，幼儿都非常愿意整理班里的环境。户外活动前，铭铭在拿衣服时因为柜子太满卡住了，于是铭铭打算在劳动日开始整理小衣柜……

案例实录

"老师，我的衣服太多了，柜子都关不上了，我去整理一下柜子吧。"铭铭和我说着。"好呀，你去试着整理一下，相信你一定可以的。"铭铭来到柜子前，把柜子里的衣物都拿了出来，然后开始一件一件地重新叠。"关上两扇门，胳膊抱一抱，点点头弯弯腰，我的衣服叠好了。"铭铭一边叠一边说叠衣服的小儿歌。不一会儿铭铭就把所有的衣服整理整齐，准备装进柜子。

第一次整理：铭铭把备用的干净衣服放在下面，裤子一件、外套两件、秋衣秋裤两套（图12）……还没有把自己今天穿的外套帽子放进去，小柜子就已经关不上了。"这样还是放不进去，我再重新叠小点！"

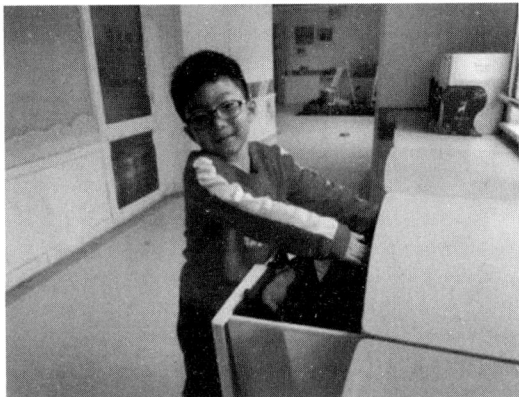

图 12

第二次整理：铭铭觉得衣服叠得太大了，于是把所有的衣服拿出来，在原来的基础上再对折一次，衣服变窄了，厚度却增加了。铭铭又开始将衣服装进柜子，这次铭铭的小手明显吃力了，厚外套对折后更厚了，很容易散开。好不容易把衣服都放进去了，可是衣柜并没有变整齐。"哎呀，这样也不行啊，我还得重新整理一遍。"我追问道："这次怎么不行了？"铭铭："衣服放进去了，可是这个衣服散了，一拿衣服就乱了。""哦，原来是这个样子，你真是细致。那你觉得还可以怎样装，柜子就整齐了呢？""我觉得把不用的放在一起，我今天穿的衣服放一起，这样就行！"铭铭自信满满地说道。"好的，那你再试一试吧。"

第三次整理：铭铭有了前两次的整理经验，这次整理的速度更快了。铭铭首先把不穿的备用衣服放在里面，"我觉得这个衣服放在里面，我今天穿的衣服放在外边，正好方便拿。""你说得很有道理！"听到铭铭的分析，我表示赞同。可是备用衣服放在里面后，自己穿的外套就却很挤了。"这样横着放有点拥挤，还可以怎样放呢？""我可以竖着放呀，老师，你看对不对？"铭铭赶忙把衣服转了一个方向，左边放备用衣服，右边放正在穿的衣服。柜子的空间被合理地利用起来，一下就干净整齐了。活动后，铭铭还把自己整理衣柜的好方法分享了更多的小朋友。

辨识与分析

铭铭发现自己的衣柜装得太满了，就计划整理自己的衣柜，可见铭铭做事有一定的目的性，能够主动发现生活中需要整理的物品，有自主收拾整理的意识，愿意为自己服务。经历了两次失败，铭铭仍决定整理第三次。铭铭发现柜子的空间很大，尝试合理利用柜子的内部空间，将不穿的衣服放里面，穿的衣服放外面；不穿的衣服放左边、穿的衣服放右边。知道衣服可以分层摆放，可见铭铭有一定的整理经验。

教师给予铭铭充分的时间和空间去操作体验，并在一旁做幼儿的观察者、支持者、引导者。在幼儿提出自己的想法时，及时给予肯定与赞同，并提出疑问："哦，这样横着放有点拥挤，还可以怎样放呢？"逐渐帮助幼儿分析衣服不整齐的原因。最终铭铭成功把柜子整理整齐，体验到了动手整理的成就感，也掌握了自我服务的基本技能，提升了主动劳动的意识。

反思与策略

幼儿冬天的衣服较厚重且较多，衣柜容易出现装不下、关不上抽屉等情况，所以对幼儿自我整理衣柜、合理利用衣柜有一定的难度。在本次整理活动中，可以看出铭铭愿意做力所能及的劳动，也有一定的劳动经验。教师可以利用生活中的机会来让孩子进行劳动，让他们体会到劳动带来的成就感和乐趣，激发他们的劳动愿望。比如，在幼儿劳动时，教师及时肯定幼儿爱劳动的行为，一方面可以激发幼儿劳动的愿望，另一方面可以带动更多小朋友爱劳动。

在幼儿主动劳动、为自己为他人服务时，教师需要给予幼儿充分的时间及空间，在退一退等一等的同时，帮助幼儿留住劳动的照片以及视频。在区域分享、集体活动中，鼓励幼儿将自己劳动的好方法与同伴分享，同时帮幼儿回顾、梳理、提升劳动中的经验，也让幼儿与同伴间相互学习，激发幼儿爱劳动、爱服务的内驱力。

（郝艳泽）

案例四：搬运被子我能行

案例背景

到了换洗被褥的时间，孩子们的被褥需要带回家洗晒。往常都是行政老师帮忙运往楼下并摆到指定的位置，今天班里几个男孩子主动提出帮忙运被子。

案例实录

这时，大部分被褥已经整齐地放进了被子袋，行政老师已经开始往楼下运了。北北、壮壮和紫铭也主动加入了运被子的队伍中。只见北北撸起袖子，两个小腿像扎马步一样半蹲，两只小手抓住被子袋上两个短的提手，"嘿"的一声提起来，走出了活动室。壮壮张开手臂，大大地"拥抱"了一个被子袋，大步走出了活动室。紫铭也用"拥抱"的方法运起了被子。我也提起两个被子跟在他们后面。走到楼梯处，壮壮和紫铭站在那儿看着楼梯，北北则双手提着被子一步一步地往下挪，小心翼翼地看着脚下。紫铭放下被子挠了挠头，然后低头看了看被子袋，用手摸了摸被子袋上面的提手，对壮壮说："咱们两个一人拿一边抬着下去，然后再上来抬你这个被子，行吗?"壮壮说："可以。"说完两人就一人拿一边，另一只手扶着楼梯扶手，稳稳地下楼。这时，北北早在一楼等着他俩了，北北说："我有一个快速运被子的方法!"壮壮说："你不会要用电梯吧，那可不行! 那个是送餐的。"北北说："不是，咱们可以像拉行李箱一样，就这样。"他边说边拉着被子走了起来。紫铭和壮壮笑着学着，很快就运到了楼门口，紫铭赶紧叫停："别走了，地上脏，一人抱一个吧。"三人一人抱一个，轻轻地放到了指定的垫子上，然后迫不及待地跑回班里炫耀着自己运被子之旅。后来，大家都提出想自己运被子，在他们三个的带领下，我们班很快完成了搬运被子的任务。但孩子们还在不停地讨论下一次怎么运被子，怎样搬运被子又快又卫生呢? 有的说做个轨道，有的说用棍子抬着，有的说可以用绳子……

辨识与分析

1. 幼儿能够主动提出参与劳动的想法。幼儿看到老师搬运被褥，也想参与进来，于是，主动搬运了被子。

2. 运用已有经验搬运被子。从搬运的过程中可以看出，3 名幼儿有少量搬运或提物的经验，北北在提起被子时选择提起短的提手，这样会省力一点。紫铭和壮壮在下楼的时候，选择了两人一起提下楼，这样既省力又安全。后来，在北北的提示下，三人像拉旅行箱一样在楼道里运被褥，这样加快了速度。到了户外，幼儿有卫生意识，再次将被褥抱起送至被子临时摆放处。

3. 自主完成搬运被子的任务，增强了自信心和成就感。运送完一次被褥，幼儿非常有成就感，主动自信地向同伴分享自己搬运被子的过程及各种方法，并愿意带着其他小朋友一起搬运。

反思与策略

1. 为幼儿营造宽松的氛围，满足幼儿搬运被子的想法。幼儿主动向老师说出自己的想法，教师给予幼儿充足的时间和空间去操作体验，并作为观察者和支持者，在幼儿旁边观察、记录幼儿的行为。

2. 教师应更好地利用本次教育契机，帮助幼儿梳理和提升经验。利用集体环节，表扬幼儿的劳动行为，也可以让三名幼儿轮流说一说在搬运被子的过程中遇到了哪些问题，是如何解决的，紧接着和幼儿一起讨论搬运被子的好方法。幼儿用语言表达和绘画的形式表现出来，教师进行简单记录和归纳提升。如果时间允许，其实可以采用录像的形式记录幼儿的劳动行为，并激发更多幼儿产生搬运和提物的欲望。也可以分享到家长群，家园配合，共同支持幼儿自我服务和服务他人的意识和行为。

3. 经验来源于生活，服务于生活。孩子们有了搬运被子的经验，教师可以帮助幼儿开拓思维，思考除了搬运自己的被褥，在保证安全的情况下，在我们的能力范围内，还能搬运什么。

（鲁钰）

案例五：分类整理我最棒

案例背景

升入中班后，幼儿在教师的有效支持和引导下有了主动劳动的意愿，并知道关心和爱护身边的环境，能主动发现身边的问题，并尝试自主解决。

案例实录

一天上午，美术活动结束后，小朋友们要准备洗手喝水，然后去做操了。但盥洗时，我发现宋璟颐还没有来，我回到教室一看，宋璟颐在桌子上摆弄着什么，走近一看，发现他正在整理一盒彩笔（图13）。他着急地跟我说："老师，这还有几支笔没送回去呢？"我说："还真是，小朋友可能太着急了，忘记送了。"他笑着说："所以我就来帮他们送回去啦！"他边说边整理着。开始他把没放进去的笔都放回去了，后来他又仔细看了看，突然拔出几支笔，调换位置，我问他："你为什么要这样做呀？"他说："我觉得这样按颜色分类更方便，小朋友用起来更容易区分！"当他将分类好的笔盒送回去后，又发现笔筒里的笔也没有按照颜色来放，又跑来跟我说："老师，他们笔筒里的笔都放错了，我来给他们整理整理吧！"他又开始认真地整理起来。整理完后，他高兴地跟我说："王老师，你看我厉不厉害，我把这些笔都收拾好了，有些按照颜色排好队放进了笔盒里了，有些按照笔的种类放在了笔筒里，而且每个笔筒里的笔数量都是一样的呢！可是这里多了一支笔，没地方放了，怎么办呀？"我走过去看了看，对他说："你看看笔筒里的笔有没有不能用或者可以调整位置的呢？"他开始寻找，突然发现了一只坏笔，挑了出来，正好把多余的笔放进了笔筒里。

图 13

📋 辨识与分析

树立爱劳动的意识及培养幼儿收拾整理的能力是提升幼儿自理能力的重要途径。中班幼儿已经具备一定的生活经验、语言能力和动手能力，能在已有经验的基础上主动发现周边环境中的问题，并通过自己的劳动积极收拾整理材料，主动探索整理材料的多种方法，灵活运用所学的分类知识。

中班幼儿愿意帮助老师做事情、为小朋友服务，渴望自己的劳动被认可，有初步的责任感。宋璟颐体会到通过自己的劳动给班级环境带来整洁的自豪感。

📋 反思与策略

1. 幼儿整理好材料后，教师要及时给予肯定，为幼儿树立良好榜样，提高幼儿坚持整理材料的积极性，从而养成良好的劳动行为习惯。

2. 鼓励同伴间相互学习、合作，有序收拾整理班级环境、材料，让物品回家。幼儿已经有了初步的劳动意识和劳动方法，教师可以进行随机教育，分享该幼儿的劳动行为及劳动方法，对该幼儿进行情感上的支持，引导幼儿自由自主探索各种通过劳动让环境变得更整洁的方法，还要引导幼儿尊重、珍惜他人的劳动成果。

（王艳）

案例六：我是小雷锋，我爱做劳动

案例背景

在 3 月 5 日雷锋日到来之际，为了激发幼儿的互助行为，培养幼儿热爱劳动的良好品质，班级开展了劳动月活动。升入中班后，每天都可以在班里看见小值日生活动的身影。在雷锋日活动的推动下，所有的孩子都想当小雷锋，每天参与到劳动中，如利用过渡环节主动去整理玩具柜里的玩具，做手工的时候互相帮助这种雷锋精神，就连在班中年龄较小的畅畅身上也有所体现。

案例实录

情景一：今天是劳动月活动的第二天，畅畅在盥洗室的水台边自言自语地说道："这上面有好多水，我去擦干净吧。"只见她拿出自己的小毛巾反复擦拭台面上的水渍，然后把小毛巾拧了拧后对老师说道："这个台面有水，我用我的小毛巾给擦干净了，我是小雷锋吗？"老师对她点点头并回应道："你非常愿意帮助班级做事情，但是你想一想，台面是干净了，那你的小毛巾是不是就脏了呢？"她点点头。教师追问道："那应该怎么办？有什么好方法不让自己的小毛巾脏掉呢？"畅畅想了想说道："让新老师拿一块毛巾放这里，我就不用拿自己的了。"老师为她的话点赞，并允许她去跟新老师诉说自己的请求。

情景二：畅畅、轩轩、子墨三人来到盥洗室。畅畅看到台面上的水渍后，就自言自语地说道："我要擦台面，擦干净。"轩轩在里面转了一圈后跑到活动室，看同伴都在劳动，又返回盥洗室，此时畅畅已经把台面都擦干净了，小毛巾也已经放回了原位。轩轩看见后，又拿起小毛巾在台面上擦拭，畅畅看见后哭闹着说："这是我的小毛巾，我来擦台面。"轩轩看见后急忙说道："我看镜子脏，我擦镜子。"于是畅畅把小毛巾给他，他在镜子上来回擦拭，可是镜子不仅没有变干净，反而越擦越脏。这个时候畅畅说道："你擦得一点都不干净。"说完就找老师来看。老师看到后并没有说什么，而是询问："你们的计划都是在盥洗室做劳动吗？"畅畅点点头说道："我画的是台面和毛巾柜，我把台面擦干净了。"教师接着问："轩轩，你的计划呢？"轩轩低下头小声地说道："我、我、我看见镜子上有水就擦擦。"教师："原来你发现镜子上有水想一擦，那你快把小镜子擦干净，然后按照你画的计划做事情哦，一会儿我们就要分享了。"活动室的小朋友看到盥洗室的情况也纷纷说道："老师他擦的镜子根本不干净。"教师和大家一起讨论可以尝试用什么材料、工具把小镜子擦干净。有的孩子说用纸，有的孩子说用纸太浪费了，可以把小毛巾拧干后擦拭。于是轩轩根据同伴建议，先用小毛巾擦拭镜子，然后找隗老师拿来一块干毛巾又擦拭了一遍，一会儿小镜子就擦干净了。大家纷纷为他的行为鼓掌和点赞。从这以后，每次孩子们发现镜子脏了都会主动去擦拭。

📋 辨识与分析

1. 畅畅在雷锋日的劳动活动中初步表现出来帮助老师做事情、为小朋友服务、为班集体服务的意愿，并渴望自己的劳动被认可。从第二次参与劳动的情景中可以看出畅畅是能够按照自己的计划进行劳动的，并且很有坚持性，形成了初步的责任感。

2. 从情景一中能看出，畅畅能够坚持劳动并在老师提出问题后积极主动想办法，不会因为自己的小毛巾脏了就放弃劳动。在情景二里，轩轩的劳动没有计划性，但是他能发现小镜子上的水渍，并专注于把小镜子擦干净。

3. 从擦镜子的活动中可以看出孩子们的探究点是怎样把小镜子擦干净。通过孩子们自己寻找材料并动手尝试，终于把小镜子擦干净了。而轩轩对擦镜子的积极性并没有受同伴的影响而放弃，可见他具有坚持性。

📋 反思与策略

1. 班级教师将畅畅的这一行为及时用照片、视频的形式记录下来分享给家长和班里其他同伴，在同伴、教师、家长的鼓励和肯定中，她可以更好地参与班级活动。教师组织的劳动月活动激发了班级幼儿参与劳动的热情，并允许幼儿有计划地选择自己劳动的内容。

2. 结合劳动月活动，班级开展"我是小雷锋，我爱做劳动"主题活动，让班级幼儿全部参与到活动中。在幼儿劳动时，教师及时关注幼儿的探究点并给予支持，本案例中教师采用了讨论法给予支持。

3. 保育老师可以在盥洗室的台面上投放一块旧毛巾，方便幼儿使用，并向幼儿渗透节约用水等环保意识。通过劳动月活动，教师可以和孩子们一起讨论、总结出可以作为劳动内容的事情，包括自我服务的劳动内容、为他人服务的劳动内容及为集体服务的劳动内容等。

（赵媛英）

案例七：我的小手最能干

案例背景

幼儿自升入中班后，有了主动劳动的意愿，并且能通过教师的有效引导关心和爱护身边的环境，主动发现班级环境中的问题，并尝试自主解决问题。

案例实录

每天小朋友都会进行加餐喝酸奶的环节，有的时候小朋友喝完以后，酸奶盒会留在桌子上，一些碎塑料纸也会留在桌上或盒子里，这时我就提醒小朋友："哎呀，小朋友们，看咱们的分餐桌上多乱啊！哪个小朋友能让桌子变干净呢？""老师，我能！""老师，我也能！"不一会儿就有几个小朋友走过来，有的开始整理酸奶盒，学着老师的样子想办法把盒子拆开，这样更节省空间，再把盒子放到收集箱里；有的收拾桌上的塑料纸，并把它们按照垃圾分类标准扔到了其他垃圾桶里，很快桌子就变干净了。见到小朋友齐心将桌子收拾好，我鼓励他们："你们真厉害，这么快就把桌子整理干净了，你们的小手真能干啊！"

一天，小朋友们陆续喝完了酸奶，却有一个小身影在分餐桌前久久没有离开。原来是宋璟颐正在主动收拾分餐桌上的酸奶盒，只见他小心翼翼地用两只手压住短的那边，一使劲就把酸奶盒打开了，然后又用手按压着不整齐的地方，直到把所有的地方都压平。然后用同样的方法继续整理剩下的酸奶盒。我高兴地跟他说："宝贝你太棒了，能发现分餐桌乱了，还主动整理，把酸奶盒都完整地拆好收集起来，你的小手可真能干！"收拾完后，我在全班小朋友面前表扬了他主动爱护班级环境的行为："小朋友们，今天宋璟颐小朋友主动地通过他能干的小手整理了餐桌上的酸奶盒，让我们的环境变得整洁、干净了，我们一起为他点个赞吧！让我们一起爱护身边的环境吧！"小朋友们纷纷向宋璟颐投去了羡慕的眼光。他脸上笑开了花，高兴极了。在接下来的几天里，他都主动帮忙收拾班级环境，还带动了其他小朋友主动收拾。

辨识与分析

1. 中班幼儿愿意帮助老师做事情，为小朋友服务，渴望自己的劳动被认可，有初步的责任感。从宋璟颐主动收拾环境的行为中可以看到，幼儿开始在老师的引导下关心、爱护班级环境，自主发现班级环境中的问题，并主动解决问题，让班级环境变好，能积极探索收拾整理的好方法。在做完事情后，教师能够抓住时机，进行集体学习及表扬，幼儿得到了有效的鼓励，增强了自信，充分地体现了幼儿渴望自己的劳动成果被认可的情感。

2. 幼儿的劳动行为由被动变为主动，有了关心和爱护身边环境的意识。通过教师有效地引导、支持，幼儿萌发了劳动的意识，还能够通过观察主动探索劳动的方法，感受劳动的乐趣。

反思与策略

1. 幼儿已经初步具备了劳动的意识和劳动的方法，教师可以进行随机教育，也可以集体分享该幼儿的劳动行为，进行情感上的支持；引导幼儿欣赏同伴的劳动成果，或延伸到集体劳动课，让幼儿自由自主探索各种劳动方法。

2. 与幼儿讨论和分享过渡环节中的劳动内容。丰富幼儿的劳动经验，同时引导幼儿尊重、珍惜他人的劳动成果，要热爱劳动、会劳动，享受劳动带来的快乐。

（王艳）

二、中班区域游戏中的劳动教育案例

案例一：籽儿溜溜

案例背景

在班级的美食加工厂里，越越想要把一半南瓜子变成瓜子，一半当种子。怎样才能把籽儿上面的瓜瓤清理干净呢？

案例实录

越越端着装有籽儿的盘子来到盥洗室，打开水龙头，用水冲盘子里的籽儿。水从盘子里流了出来，有的籽儿也跟着水流进了下水道。越越赶快关水，用阀门堵住下水口，然后继续用水冲。有一些干净的籽儿掉到水池里，她想用手拣出来，但尝试了几次都没成功。"唉……"她叹了口气。我问："怎么了越越，怎么唉声叹气的呀？"她对我说："您试试，这个籽儿沾了水特别滑，一捏就跑，比我们家的鱼还难抓。""这些籽儿要是都到水池里，那就更不好捡上来了，你有什么好方法吗？""我还真想到了一个方法。"她跑去科学区，从分离游戏的盒子里找来了一个漏网，把浮在水面的籽儿捞了出来，可是沉在水底的却没捞上来。这时她抬头看到为水杯控水的漏网盆，对我说："这个带眼儿的盆子能借我用用吗？用这个盆子，籽儿就不会被冲跑了，就像家里用的洗菜盆一样。"于是她把所有的籽儿都倒进漏网盆里，一边用水冲，一边用手揉搓（图14），还不停地跟我说："这个白色的籽儿外面就像有一层膜，超级滑，要是不用这个盆，籽儿可能就溜走了。"

图 14

辨识与分析

1. 中班幼儿的动手能力与观察能力明显增强，并且对自己洗籽儿的劳动行为能够进行及时的调整和反思。在洗籽儿的过程中，幼儿使用下水道阀门阻挡籽儿流走，当发现籽儿在水里很滑时，想到使用漏网工具进行打捞，体现了中班幼儿在劳动过程中思维的灵活性。

2. 中班幼儿能够初步对生活中简单的劳动工具进行挑选和使用。发现小的漏网不方便清洗时，幼儿调动自己的生活经验，使用大的漏网盆进行清洗。在清洗的过程中，用揉搓等让物品变干净的方法清洗籽儿，说明中班幼儿具备一定的劳动方法，并且能够对劳动方法进行体验与探索。

3. 中班幼儿对生活中的简单劳动感兴趣，愿意做自己力所能及的事。从使用不漏水的小盘子到使用可以捞籽儿的漏网，再到使用可以清洗大量籽儿的漏网盆，体现了幼儿在活动中对于清洗工具的不断探索，使得清洗的过程更加方便，清洗的速度更加快捷。

反思与策略

中班幼儿的劳动能力与劳动方法都需要在不断操作、体验尝试中进行梳理和小结。当幼儿能够迁移经验实施劳动时，可以对幼儿进行引导，调动幼儿更多的生活经验，找到更加适宜的劳动工具。

虽然中班幼儿已经获得了一定的劳动能力，但是还需要对幼儿的劳动行为进行鼓励，同时引导幼儿之间的相互学习，将个别经验集体化。如创设劳动智慧角，展示幼儿的劳动经验，不仅普及了经验，而且帮助幼儿树立了劳动自信。

中班幼儿对劳动具有一定的兴趣，教师可以通过故事、绘本、挂图，结合小组的劳动活动支持幼儿的兴趣，认识基本的劳动工具及其使用方法。

（张颖）

案例二： 桌布叠好了

案例背景

美工活动后，幼儿又遇到了叠桌布的问题，如桌布叠得太大了、不平整、鼓鼓囊囊地堆放在玩具柜里。虽然教师也开展过相关集体活动，但只有个别幼儿能够叠放好，大部分幼儿还是会出现这样的问题。

案例实录

美工活动后，在收拾整理环节中，有的小朋友在相互配合着叠桌布，有的幼儿在有条不紊地将笔、垫板放到玩具柜里。1组的幼儿将桌布团在一起；2组的幼儿叠得不是很平整，直接塞进了玩具柜；3、4组的幼儿将桌布叠放得很整齐。于是我将这一瞬间记录了下来。在分享环节，我将图片展示出来，引导幼儿发现问题。教师："孩子们，一起看看这张照片，你们发现了什么？"兜兜："这个桌布团在一起了，没有叠好。"稳稳："这个桌布有点乱七八糟，应该把它叠平整。"果果："这样太乱了，小朋友过去的时候会绊倒的。"教师："那我们用什么方法把桌布叠得整整齐齐呢？"果果："我们是两个小朋友一起叠的，就像叠被子一样！"

于是老师请小朋友们再去分组尝试一次，故意将刚才叠得好的小朋友和叠得不平整的小朋友分在一组。只见各组的小朋友开始将桌布重新打开、铺平整，有的小朋友拽着四个角，有的小朋友负责将桌布窝着的小角捋平，对折再对折，配合着叠。有的组在对折的过程中，有一个小角窝进去了，叠完后发现里边鼓出了一个包。兜兜："这个没有叠好，都鼓起来了。"稳稳："刚才对折的时候没有铺平整，所以就鼓包了。"于是稳稳和番薯一起叠了起来，遇到没有铺平整的地方就调整一下，直到调整好后再进行下一步。两个小朋友很快就将桌布叠平整，变成了一个小方块。

在总结的过程中，稳稳说："需要铺平整再进行下一步。"番薯说："要请小朋友一起帮忙。"杧果说："一共对折5次，才能变成小方块。"

教师又给叠平整的桌布拍照，引导幼儿观察整理前后的对比图。孩子们一致认为桌布叠整齐的玩具柜既美观又整齐。教师也及时对幼儿让玩具柜变得更整齐给予了高度的肯定和赞扬。孩子们感到非常开心，获得了极大的成就感，且产生了强烈的集体荣誉感。

之后，孩子们每次游戏过后，遇到只有自己一个人的时候，也能够主动请小朋友帮忙。班中也开展了"班务小老师"的活动，促进幼儿间相互学习，提高劳动水平。在日常生活中，孩子们开始积极地寻找哪个地方"不完美"，并将其整理好。

辨识与分析

1. 在日常生活中，教师要善于发现幼儿出现的问题，且心中要有目标，有计划地去观察和指导幼儿的行为，帮助幼儿建立与巩固良好的劳动习惯和劳动品质。在观察中，个别幼儿草草地将桌布团在了一起，塞进玩具柜。在教师的有意引导下，幼儿直接面对问题，也能够精准地观察到叠得不平整、都露在玩具柜外边了、很容易把小朋友绊倒、收得乱七八糟等问题。在头脑风暴后，幼儿能够总结出问题出现的原因及解决办法。当教师请幼儿再次尝试时，同伴间互相学习，幼儿将自己想到的好方法都很好地运用了起来。最后，杧果还细心地总结出一共要折 5 次。

2. 在劳动教育中及时关注幼儿的正向情感体验，适时介入，帮助幼儿逐渐形成不怕困难、坚持克服困难的品质。在劳动过程中，番薯看到其他组的桌布快要叠好了，而自己那组反复叠却没有叠平整，有点着急，加上小朋友又帮她们指出"问题"，他开始有点不愿意接受，产生了畏难情绪。但稳稳主动跟番薯一起叠，很快就叠好了。活动结束后，教师也私下和番薯那组幼儿进行了正向沟通，肯定了他们不怕困难、不放弃的优秀品质。孩子们在获得教师的认可后，表现出了更加积极的态度。

3. 幼儿及时唤起已有经验，且能够很好地运用到劳动活动中。果果能够想到用叠被子的方法叠桌布，说明幼儿已经具有了相关的生活经验，且能够很好地运用到日常生活中。

4. 及时对幼儿的行为给予肯定与鼓励，让幼儿体验到成功的快乐，收获劳动的喜悦，变被动为主动。在活动后期的观察里，孩子们开始有意识地去寻找班级中的"不完美"，然后将相互配合和学到的方法结合在一起，最终才有了玩具柜里平平整整躺着的"小方块"。可见幼儿在活动中获得了足够的成就感，产生了强烈的集体荣誉感，由被动劳动变为主动劳动。

反思与策略

通过本次活动，孩子们获得了很大的成就感，觉得可以通过自己的双手让班级变得更好。在整个活动中，教师充分激发幼儿的兴趣，幼儿能够积极参与。当教师再次给幼儿机会去尝试，且有意将分组的顺序打乱时，幼儿之间产生了很好的相互学习，因此成人一定要给幼儿充分尝试的机会，不断帮助幼儿提升新的经验，并运用到生活中。

在日常生活中，教师要及时抓住教育契机，灵活调整教学内容和结构，实时、顺势开展相关的活动，帮助幼儿养成良好的思维习惯、生活习惯、学习习惯，形成受益终身的学习态度。

（温新华）

案例三： 地变干净啦！

案例背景

幼儿在玩过滤水的游戏过程中，将土撒到了地上，教师观察幼儿在发现地脏了以后会如何选择工具将地变干净。

案例实录

温梓隽和韬韬在玩过滤水的游戏，不小心把土撒到了桌子上和地上，温梓隽看到后急忙说："土都撒了，太脏了，我去拿抹布擦一擦桌子。"温梓隽从盥洗室拿出了一块抹布开始擦桌子，一边擦一边说："用抹布擦全都粘到抹布上了，桌子越擦越脏了。我知道了，可以把土弄到地上，然后用墩布来擦。"说完他把桌子上的土用抹布弄到了地上。他把抹布放回盥洗室后，拿着海绵拖把走了出来。他用力拖了两下地，发现土又粘到了海绵拖把上。他放下拖把，看了看地上的土，对韬韬说："我知道了！我们得先用扫把，把土扫进簸箕里，土不会粘到扫帚和簸箕上。这个海绵拖把是湿的，土都粘上了。"于是温梓隽把小扫帚和小簸箕拿了过来，蹲在地上，开始尝试把土扫进簸箕里，这次他终于成功了，脸上露出大大的笑容对韬韬说："你看，这次土都没了，我再用海绵拖把擦一擦，地就变干净了！"我走到温梓隽身边问："地是怎么变干净的呢？"温梓隽说道："我们是先把桌子上的土弄到地上，然后用海绵拖把擦地，但是我发现湿的拖把一擦，土全都粘在拖把上了，应该先用扫帚把土扫起来，然后再用拖把擦。"我竖起大拇指对温梓隽说道："你好厉害呀，你不仅让地变干净了，而且还通过自己的发现整理出了让地变干净的好方法，一会儿可以把你的好方法与小朋友们分享，让小朋友们都学习你的好方法！"

辨识与分析

1. 愿意参与班级管理，维护环境，有劳动意识。当发现土撒到地上时，温梓隽能够主动想办法让地变干净，表明幼儿有维护班级环境的意识及劳动意识，对班级有归属感与责任感。

2. 对劳动工具有一定的了解，知道使用方法。通过观察幼儿使用抹布、拖把、扫帚等，能够看出幼儿对劳动工具的使用方法有一定的了解。

3. 幼儿对劳动工具的使用方法与顺序前期经验不够充足，但能不断尝试新的劳动方法，并在教师的引导下梳理出劳动经验。幼儿让地变干净的过程是不断尝试的过程，从一开始把桌子上的土弄到地上到用海绵拖把直接擦地换成用扫帚扫，再到用海绵拖把的过程能够看出幼儿不了解应该先扫地再擦地，但幼儿并没有放弃，而是不断尝试。教师在幼儿成功后，及时通过提问的方式鼓励幼儿总结并梳理劳动方法和顺序。

反思与策略

在区域活动中，幼儿自主收拾整理游戏材料，地弄脏能主动收拾干净，表明幼儿有一定的自理能力及为集体服务的能力。在使用劳动工具的过程中，幼儿可以正确使用劳动工具，有一定的劳动意识。教师在一日生活中应多为幼儿提供动手劳动的机会，例如提供方便幼儿使用的小扫把、小簸箕，在盥洗室为幼儿提供水刮板，方便幼儿洗手后将台面上的水刮干净。

中班幼儿自理能力及为集体服务能力的提升要发挥榜样示范作用，利用区域分享环节，请幼儿将自己的劳动方法分享给其他小朋友，分享后教师与幼儿共同讨论，将个性化经验变成共性经验。

（谭玉嵩）

案例四：我就是不想收

案例实录

实录一：活动区结束的音乐响起来了，小朋友们陆续收拾好自己的玩具，开始盥洗饮水，大萌在自己游戏的拼插区半坐着，拿起几个材料收拾，很多材料都铺在了地垫上。看着陆续离开的小朋友，大萌去楼道看了看后又去自然角了。老师提醒道："没收拾好玩具的小朋友要加油啦！"大萌一听，立刻跑了过来，被老师拦下说："大萌，你想想，你的事情做完了吗？"大萌："完了，做完了。""你确定吗？你是不是在拼插区玩儿的？"大萌扑在老师身上扭着身子说："诶呀，我就是不想收呀。"这个时候，小川走到老师和大萌身边说："我帮他收可以吗？"老师："你真是爱劳动爱帮助别人的小朋友，感谢你能把玩具收拾整齐。"大萌看着小川向拼插区走去，立刻站直了要进盥洗室。老师再次拦住他："有小朋友帮你去做你没做完的事情，你觉得你怎么做合适呢？"大萌歪着头不情不愿地说："诶呀，那我谢谢他呗。""我觉得比谢谢他更好的办法是你们两个一起收，大萌很爱收拾玩具，这么点儿活儿难不住你。"大萌说道："好吧好吧，我去整理。"在小川的帮助和陪伴下，大萌一点一点地把所有的材料都整理好了。

户外活动前，路过拼插区，我惊讶地说："天哪，小朋友们快看看，今天拼插区收拾得好整齐！"大家也很捧场，纷纷表示赞叹。"今天小川主动帮助大萌整理玩具材料，两个小朋友都是爱劳动的小朋友，希望大家都能向他们学习。"小川不好意思地笑着谢谢大家。大萌则拽着老师的手说："我就是爱劳动，我最会收拾玩具了！"我笑着对他说："我就知道你是会收拾玩具的孩子，就是当时材料有点儿多，你着急做接下来的事情。"大萌笑弯了眼睛说："我是收拾小能手，我是勤劳的大公鸡！"（他的属相是鸡）

实录二：间操结束了，小朋友们有序地排队送呼啦圈。只见大萌立刻把呼啦圈放到筐里，站在一边催促道："快一点儿快一点儿。"等小朋友们送完了，大萌抱起一个筐对老师说："我帮大家送器材！"老师："可以呀，你真能干！还真是勤劳的大公鸡呀。"

辨识与分析

1. 能够关注身边的事情，愿意帮助他人。小川在大家各自做自己的事情时，能够关注自己身边的情况，主动帮助他人。大萌在后面的游戏生活中，也能够主动帮助大家做事情，收拾整理材料，说明中班幼儿能够观察并理解身边情况的发生，主动提供帮助。

2. 中班幼儿对"劳动"有基本的认知。在老师对大萌和小川提出语言的鼓励和肯定后，大萌也对自己的行为表示肯定，能够感知到大萌理解什么是劳动，自己收拾整理玩具就是一种劳动的体现。并且大萌对劳动有着积极认识，能用词语"勤劳"和比喻句"我是勤劳的大公鸡"将劳动和自己建立起联系，说明中班幼儿对劳动有了更进一步的理解。

反思与策略

1. 对幼儿的游戏行为习惯进行引导和培养。试想如果我们面对大家都收拾完，只剩下自己面对散落的材料时，也会觉得有些无助吧，会排斥收玩具，因此要培养幼儿的游戏行为习惯。

2. 加强家园共育，培养幼儿的劳动能力。在一日生活中，可以在集体活动、游戏、教育活动、主题活动或师幼互动中渗透劳动的概念。同时发动家园共育的力量，鼓励幼儿在家庭生活中多参与多体验，引导家长支持、鼓励幼儿在家多帮忙，帮助幼儿正向体验劳动。

3. 在建立关于劳动的积极认识和劳动情感的同时，帮助幼儿提高劳动技能。比如在收拾玩具、收拾材料、当值日生等活动中，加强孩子们对劳动行为的认识，体会什么是劳动，多给孩子们在游戏、生活中获得劳动技能的机会。

（臧亚茹）

三、中班户外活动中的劳动教育案例

案例一： 清扫落叶

案例背景

班级在 11 月开展"有趣的叶子"主题活动，小朋友在户外游戏时经常捡拾落叶，玩落叶游戏。随着大风降温，幼儿园里堆起了厚厚的落叶……

案例实录

一个大风降温后的周一，孩子们在集体游戏时来到了大滑梯旁，一下发现了保洁老师们还来不及清扫的厚厚的落叶。分散游戏时，孩子们都情不自禁地玩起落叶雨的游戏（图 15），颜墨说："小朋友们都在落叶狂欢呢！"

正在清扫园内落叶的保洁老师们发现孩子们玩得正开心，便留下了这片落叶供小朋友们玩。游戏过后，落叶变得碎碎的，老师提出问题："我们玩过了，这些碎碎的落叶应该怎么办？"孩子们纷纷表示要自己收起来。于是小朋友们利用小手、户外玩具跳袋收拾起来。

图 15

一节综合活动应运而生。老师提出问题"怎么清扫落叶更快、更方便",孩子们纷纷做出计划——用扫帚、簸箕等工具、每人一个袋子收、要坚持收完等。

做好计划后,孩子们将小扫帚、簸箕、袋子都收集到幼儿园里。又一次的降温后,孩子们兴奋地发现滑梯旁又堆积了厚厚的落叶,于是迫不及待地带着自己收集的工具开始清扫落叶。这一次,多数幼儿按照自己的计划收拾、整理落叶,惊喜地发现真的更快、更干净了。

果果说:"这次我用小簸箕扫着收,一次能扫一簸箕!"祎祎说:"很多人都用袋子装,比上次大家分享跳袋快!"瑞瑞说:"扫帚真好用,一下就能扫一大片。"清扫了一阵,瑞瑞又说:"扫地也很累啊!"天睿说:"加油加油!要一直努力扫完!"近 20 分钟的清扫后,滑梯旁的大片落叶就被清扫干净了很多……

利用排队回班的时间,教师与幼儿聊起收拾好落叶的感受:"孩子们,我们一起努力将叶子都收起来了,感觉如何?"辰辰说:"我们太厉害啦!真能干!"兜兜说:"叶子碎碎的,有了簸箕很好收!"康康说:"保洁老师真辛苦,要清扫那么多落叶。"老师笑着问:"那下次再有落叶,咱们还清扫不?"孩子们几乎异口同声地回答:"要!"

回到班中,教师组织幼儿对比梳理了前后两次清扫的差异,并鼓励幼儿:"今天小朋友们不但动脑筋,尝试用好方法收拾落叶,还能坚持,在累了的时候互相加油打气,真了不起!"

辨识与分析

1. 以幼儿的游戏、生活为出发点,顺势开展幼儿高度参与的劳动活动。本次活动发生在幼儿自发的"落叶雨"游戏后,教师给予幼儿较大程度的自由活动的空间,使幼儿有机会自己做、自己想,萌发出前后两次自发清扫落叶的劳动活动。

2. 在幼儿的劳动过程中,帮助幼儿梳理经验,寻找更便捷的劳动方法。在第一次清扫落叶后,教师适时地结合幼儿的问题与兴趣,引发幼儿产生新的学习动能。在解决新问题的实践过程中,通过回顾、反思、计划、收集材料、再实施、再次反思的过程,幼儿积累了关于"怎么清扫更方便、怎么使用工具更丰富"的经验。

3. 在梳理劳动经验的过程中,使幼儿加深对劳动品质的理解,形成积极的自我评价。教师关注到近 20 分钟的清扫活动中,幼儿虽然有喊累的情况,但也出现了同伴间相互打气、鼓励坚持的情况,利用梳理、正向鼓励的方法引发幼儿形成"不喊苦、不怕累"的品质。

反思与策略

1. 充分挖掘本次活动的教育价值，开展幼儿尊重劳动者的相关活动。如可以与幼儿讨论"你在清扫时有什么感受""你们觉得保洁老师每天清扫整个幼儿园，是什么感觉"，顺势开展"采访劳动者"的相关活动，引导幼儿理解身边为我们劳动的人的辛劳，萌发尊重劳动、尊重劳动者的情感。

2. 将幼儿利用工具进行劳动的经验进行迁移。

（1）在主题活动中，可结合幼儿兴趣，引发幼儿在清扫活动中感受"清扫塑胶颗粒地面上的落叶与水泥地面上的落叶有什么不一样"，也可与幼儿讨论、思考清扫后的落叶能做什么。

（2）在生活活动中，可开展"班级劳动日""今天我帮忙""干净的美工区"等多种活动，增加班级劳动工具的投放，促使幼儿在与环境互动的过程中自主劳动，解决生活中的问题。

（刘运超）

案例二： 摘柿子去喽！

案例背景

随着主题活动"秋天的故事"的开展，幼儿发现幼儿园的柿子成熟了，他们很想摘到这些柿子。那该如何摘呢？

案例实录

实录一：在户外活动时，我说："柿子熟了可以摘啦。"幼儿纷纷讨论起来。妍妍说："我觉得可以用手摘。"宸宸说："可以踩着椅子摘。"慕言说："可以摇树。"洛洛急忙说："不可以摇树，这样柿子掉下来就该坏了。"说完妍妍便用手将低处的柿子摘了下来，宸宸也回班中搬了椅子，摘了位置高一点的柿子。洛洛看着更高的柿子又看了看我说："最上面的柿子那么高，怎么摘呢？"达达说："老师，您抱着我摘。"于是我抱起达达摘到了更高一点的柿子。妍妍说："我们可以把轮胎摞起来，多放几个，这样就可以摘到更高的柿子了。"说完妍妍、达达和佳逸一起将 2 个轮胎摞起来，达达爬上去试了试，发现够不到，于是他们又加了一个轮胎，试了试还是够不到。接着子枢和宸宸一起用力，又摞上了一个轮胎。这时达达说："子枢，你个子高，你上去吧！"子枢听了达达的建议，一点一点地往最上面的轮胎爬，爬到第三个轮胎时，子枢说："老师，我有点害怕，轮胎有点晃，您可以帮我扶一下轮胎吗？"我点了点头说："可以啊。"接着子枢继续向上爬，爬到了最上面的轮胎后，踮了踮脚又用手够了够说："老师，就差一点了，再加一个轮胎就可以摘到了。"我说："好的，我帮你扶着，你们再加一个轮胎。"说完达达和宸宸又帮忙放上了一个轮胎，我扶着轮胎，子枢爬上轮胎，每摘一个柿子就递给下面的小朋友。大概过了5分钟，子枢把所有的柿子都摘完了。妍妍说："子枢个子高真好，能摘到那么高处的柿子。"

实录二：为了摘到更多的柿子，孩子们纷纷拿着做好的网兜、拎着箩筐，还有寻找的各种材料来到了柿子树下。当大晨把制作好的网兜举上去准备摘柿子时，发现杆左转转、右转转，就是摘不下来。这时刘韵说："这个做得不行啊，咋回事？"在一旁的梓轩看了看自己从家里带来的杆，说道："快看，我的这个杆上有个小铁夹子，能把柿子的瓣儿掐断。"随后小雨一把拽过来说："我看看，真的是哎，咱们做的那个没有。"就在孩子们疑惑的时候，我问道："那我们应该怎么做呢？"于是，大晨立刻蹲下来，从准备的材料中拿起一根铁丝，看着梓轩手里的网兜，先是把铁丝放在手里转了一圈，嘴里嘟囔："这铁丝这么长，咋弄啊？"晖晖说了一句："这儿有钳子，可以用这个。"于是大晨摆弄着铁丝，晖晖拿着钳子剪断铁丝，完成了小夹子的V字形。就在两人研究如何把小夹子与网兜连接在一起的时候，小雨说："可以先把小夹子放在上面，然后把剩下的铁丝缠到一起不就好了？"我点了点头："是个好方法，可以试一试。"这时小雨拿着杆，晖晖拿着网兜，大晨一手拿着小夹子，另一只手拽着铁丝用力缠，一圈、两圈……完成了，他们开心地给我看，我举起手里的网兜说道："你们一起分工合作制作的杆子真棒，把小夹子安装好了，我们快来试一试吧！"大晨小心翼翼地举起网兜，找到一个柿子试了试说："不行，这个小夹子太松了，冯老师还得帮我们紧一下。""我们的劲儿太小了。"小雨噘着嘴说道。于是我拿起钳子帮他们解决了这个困难后，孩子们再次进行尝试。

大晨一手在上一手在下举着网兜，使劲拧的过程中喊道："谁来帮帮我？快来啊！"这时晖晖冲上来说："我来了。"两人数："一二三！"看着柿子摘下来了，连蹦带跳地欢呼："太棒了，我们成功了。"我在旁边开心地竖起大拇指说："你们可真是劳动小能手。"

辨识与分析

1. 因地制宜，支持幼儿在情境中分析问题、解决问题。在本次活动中，教师利用园所自然资源，践行因地制宜的原则，实施劳动养成教育。通过对幼儿的引导，丰富幼儿自我认知，同时产生参与劳动的欲望。幼儿运用已有经验，通过与同伴谈论、合作并反复尝试，最终将成熟的柿子摘下来。

2. 幼儿愿意听取他人意见，持续调整采摘策略。幼儿在活动中及时听取他人意见，并多次尝试摘柿子，虽然遇到困难，但能够积极面对，主动思考，也尝试采取寻求老师帮助等策略达成目标。

3. 通过动手操作，培养幼儿的劳动技能。采摘柿子前以及采摘柿子的过程中，幼儿均利用生活中的常见物品制作劳动工具，根据问题及时调整制作工艺，成功地摘到柿子。

📋 **反思与策略**

本次活动来源于幼儿的实际生活。其实，劳动是每个幼儿在成长过程中的重要活动，他们可以在劳动的过程中尝试多种可能，比如劳动工具的选择和使用、劳动合作伙伴的选择、劳动步骤的创新以及劳动节奏的变化等。他们能通过劳动丰富经验，从"抽离生活"走向"融入生活"再到"整合生活"。在整个过程中，幼儿感受到劳动的乐趣以及成就感，逐渐养成劳动意识。劳动的过程不单是让幼儿掌握一定的劳动技能，更重要的是培养其独立生活的能力、责任感和吃苦耐劳的精神。

1. 及时梳理幼儿的经验。在过渡环节中可以让幼儿进行分享，用什么方法摘的柿子，还有没有更好的工具或者材料，让其他幼儿一起分析，给出更好的建议。

2. 适时提供支持和引导，延伸活动内容。（1）为幼儿提供更多的材料，比如瓶子、塑料袋、长棍、圆形网兜托、胶枪等，还可以把和幼儿一起商量出的材料提前放到一个方便幼儿取放的地方。（2）带孩子们一起探索柿子的储存与加工方法，通过自己的劳动制作出美食，获得劳动带来的快乐和成就感。

（冯娜、段玉萌）

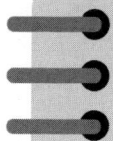

第三节 大班一日生活环节中的劳动教育案例

大班幼儿的生活自理能力明显增强，养成了良好的劳动习惯，愿意为他人服务；对日常生活中的简单劳动感兴趣，愿意参加集体劳动；乐于参与力所能及的劳动，感受和体验劳动的快乐，有较好的责任感和坚持性；在劳动中能将劳动与游戏区分开，以不同的方式尝试和解决劳动中的困难和问题；在劳动中会选择和使用一些简单的劳动工具，会根据劳动的需要选择和使用多种劳动工具，积累劳动经验，提高劳动技能。教师要重点培养幼儿积极的劳动情感，使其热爱劳动，为入小学做好准备。

一、大班生活活动中的劳动教育案例

案例一： 移植土豆苗

案例背景

　　幼儿发现植物角的土豆苗有些发黄，决定将土豆苗移植到更大的盆里。经过寻找，找到了大的泡沫箱，然后准备将4棵土豆苗移植进去。孩子们用铲子在操场上的小公园铲了很多土放到桶里、袋子里，合作运回了班里。在把土倒入泡沫箱后，梓希和楚宜主动要求把土豆苗移到泡沫箱中。

案例实录

　　两人来到大箱子前，一人拿一个铲子拍着箱子里的土。梓希说："得先挖坑，再把土豆苗栽进去。"楚宜点点头。两人把土拍平后，便小心翼翼地挖了四个大小不一的坑。楚宜拿起一盆土豆苗，准备把苗拔出来再放到坑里，我走过去对她俩说："如果直接拔土豆苗，可能会把土豆苗拔出来，但也有可能出现什么情况呢?"梓希想了想说："苗可能会断，根也可能会断开。"楚宜点着头说："那咱们把盆里的秧和土都挖出来，然后放到坑里试试。"说着俩人动起手来。但是盆里的土有点干，铲不动，梓希说："我浇点水就好铲了。"于是她拿着浇水壶接了水，浇到了花盆里。梓希端起花盆放到大箱子上，楚宜拿起铲子从花盆的内边缘开始铲土，她把铲子往下铲，皱了皱眉头说："我都铲到头了，怎么动不了啊?"我说："别着急，这一边铲到头了，土松了一点，想想怎样才能让土更松动呢?"楚宜说："我知道了，在其他的地方也铲铲，土就松了。"说着她在花盆其他的内边缘都铲了铲，土能够晃动了。楚宜说："我要把土豆苗铲出来了啊!"梓希一手托住花盆底部，一手扶着花盆边缘。楚宜用铲子小心翼翼地铲出土豆苗，还用另一只手扶着土豆苗，轻轻地放到坑里，两人用小铲子把土铺平，一棵土豆苗移植成功啦!两人高兴极了，继续移植其他三棵土豆苗（图16、图17）。

图16

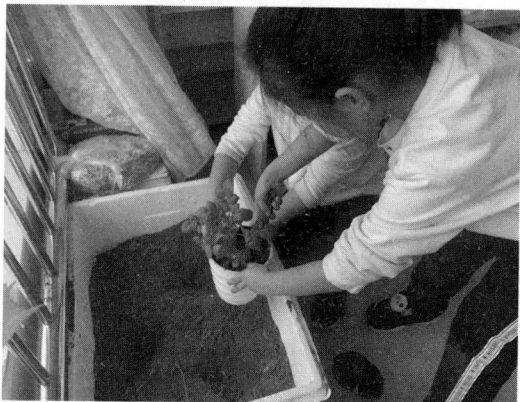

图 17

辨识与分析

从幼儿移植土豆苗的过程中，能够看出幼儿在移植方面有一定的经验，知道需要先挖坑，再把秧苗移植到大箱子中。在移植的过程中，幼儿遇到了问题——怎样把盆中的土豆苗连根带苗地取出来。在教师的引导下，幼儿考虑到直接拔可能出现的问题，然后想到把土豆苗和土同时铲出来放到大箱子的土坑中，说明幼儿善于转变思维，并找到解决方法。在操作时又出现了问题，因为土干，铲子铲不动，幼儿又用行动来解决了这个问题，说明幼儿知道湿土更方便取出来。接着幼儿在老师的引导下，为了把土豆苗移出小花盆又从不同方位松土，最终将土豆苗连苗带土移出小花盆。

在移植的过程中，两名幼儿在不断地通过分析、合作来达到目标，不怕困难并勇于解决问题。同时从幼儿的语言和动作中也能看出幼儿在移植时对土豆苗的爱惜。幼儿在探究中解锁了劳动的技能和窍门，增强了积极劳动的情感。

反思与策略

在游戏中，教师引导幼儿寻找移植土豆苗时不会损坏土豆苗的方法，在肯定幼儿做法的同时引导幼儿发现让土更松动的方法。幼儿在教师的引导下，能自信地表现出分析问题、解决问题的能力。

教师和幼儿共同梳理移植植物的方法，巩固幼儿的劳动技能。利用分享环节请幼儿说一说移植土豆苗的过程以及在过程中发现的问题和解决的方法，肯定幼儿坚持劳动和解决问题的能力，同时对幼儿爱惜土豆苗的行为表示认同。教师可以给幼儿更多的劳动机会，引导幼儿继续去观察、记录土豆苗的生长情况，在收获中感受移植、管理的劳动成果。

（赵茜）

案例二： 我爱劳动

案例背景

灏灏是今天的值日生，他每次午点后都会主动整理班级的小桌面。这天，因为灏灏吃午点晚了些，所以整理桌面的任务被其他值日生做完了。

案例实录

灏灏吃完水果后，一直在果盘那里徘徊。老师问："你在这里干什么?"灏灏说："老师，今天我是值日生，我可以帮您洗水果盘吗?""当然可以了。""值日生可以帮助老师洗盘子。那我端上盆子去洗盘子吧。"灏灏可高兴了，自己端着盘子走进了盥洗室。我做了简单的指导，教他如何才能把盘子洗干净、沥干水、摆放好。我还没说完，灏灏说："老师我知道了，我以前帮妈妈洗过盘子。"说着撸起小袖子，打开水龙头，一只手拿盘子放到水下把污渍冲干净，另一只小手在盘子里擦来擦去。灏灏把盘子的里里外外都洗得很干净，两只小手拿着盘子轻轻地甩了甩，沥干水后放入盆子里，一连洗了好几个。

这时，浩天与靖涵收拾完小餐巾来到了盥洗室，看到灏灏正在刷盘子，说道："需要我们帮忙吗? 这样可以快一些!"灏灏连忙点头答应。浩天和靖涵一起加入洗盘子的队伍中。浩天拿起一摞盘子数了数说："还剩 6 个小盘子，给灏灏两个，我两个，你洗两个就完成了。"说着把盘子分了下去。灏灏还不忘交流自己的小经验："你们洗的时候要把水甩干净啊。"

洗完后，灏灏特别开心地去找隗老师（保育老师）说："隗老师你真辛苦，下回我做值日生的时候还要帮你洗盘子。"看到隗老师的笑容，灏灏冲我满意地点了点头。

辨识与分析

灏灏有良好的劳动意识，能够主动提出帮助老师洗盘子，教师在听到幼儿的想法后没有阻止，而是支持幼儿想要劳动的想法，并在幼儿洗盘子时给予指导。幼儿有良好的生活经验，能够将经验迁移到自己的实践活动中。

灏灏的劳动行为也感染了其他幼儿，浩天和靖涵能够在收完餐巾后主动加入洗盘子的劳动中，并在加入时有礼貌地征求灏灏的同意。浩天善于思考、观察，找到快速洗完盘子的方法。三个小朋友相互帮忙、分享经验，在劳动中有良好的合作意识。

劳动结束后，幼儿找到保育老师承诺下次还要洗盘子，在得到老师同意后露出了满意的笑容。劳动过程中，幼儿逐渐建立自我认可，并获得成就感。从幼儿的承诺中可以看出幼儿非常喜欢劳动，并且珍惜他人的劳动成果，懂得感恩。

反思与策略

在学前阶段对幼儿进行劳动意识以及劳动习惯的培养十分重要，对孩子未来的人生发展和良好习惯的培养都起着至关重要的作用。幼儿喜欢接触新鲜事物，活动中教师退后，给予幼儿充分的机会去尝试，鼓励幼儿参与整个劳动过程，培养他们的劳动意识和劳动技能，为养成良好的劳动习惯奠定基础。

1. 树立榜样，鼓励幼儿劳动，让幼儿明白劳动最光荣。教师可以鼓励幼儿在集体中分享洗盘子的故事，树立爱劳动的小榜样。通过一些传统小故事或播放视频，让幼儿了解一些模范人物的事迹等。

2. 了解生活中为我们服务的人，引导幼儿懂得感恩，珍惜他人的劳动成果，尊重劳动人民。如利用五一劳动节开展相关活动，了解社区、幼儿园为防疫做出贡献的志愿者等。

3. 家园共育，引导家长在家做好表率，在与幼儿一起劳动的过程中，提高幼儿的劳动兴趣。当幼儿在劳动中遇到困难时能够鼓励幼儿克服困难，找到解决办法，并给予适宜的奖励，进而帮助幼儿养成主动劳动的习惯。

（刘子君）

案例三：整理被子小能手

案例背景

一日生活中的劳动教育有利于幼儿各方面的发展，大班幼儿在一日生活中的行为更加自主，能力更加突显。幼儿喜欢参与劳动，喜欢劳动之后获得的成功感。在生活中，教师要密切关注幼儿劳动时自我服务的行为表现，为幼儿创造参与劳动的机会，渗透劳动教育，提高幼儿为他人服务的能力。

案例实录

午睡起床后，小朋友们整理好自己的衣服，陆续准备去加餐。雨凡和子辉等几个小朋友速度较快，加餐后来到睡眠室，找到了自己的床铺开始准备叠被子。雨凡从床上拿起被子，边叠边对子辉说："你会叠被子吗？我在家都自己叠。"说完她小手抓住被子的两个角，使劲拿起来抖了抖，一下、两下、三下，抖了好几次，被子还是堆在一起。于是她把被子重新放在床上，分别抻了抻四个角，把被子平整地铺在床上后，把两个长边对折了两次，叠完后自己嘟着小嘴，闷闷不乐。她看了看子辉说："被子太不整齐了，你会叠吗？"子辉把雨凡叠的被子摊开后重新叠了一次，还是堆在了一起。这时我走过去，雨凡邀请我和她一起叠被子："老师，来看一看我们叠的被子，太不整齐了，您帮帮我们。"我尝试着为幼儿进行示范，边叠边念叨着："关大门、关小门、弯弯腰、翻跟头。"雨凡和子辉认真地看着，子辉说："看老师也是先把被子铺平，把两个长边往中心对折，把小角的位置折回去一点，再翻个滚儿！"雨凡说："咱们来试一试吧。"雨凡和子辉按照老师的方法叠了两个被子。

这时优优走过来对我说："老师，咱俩一起叠吧，我也会叠被子。"我和优优一人抓住两个被子角，边叠边念叨叠被子儿歌，很快，五个被子叠好了。雨凡和子辉发现了我和优优的好方法，也尝试着两人一起叠。约10分钟后，班里的被子全部叠完了。

回到活动室，雨凡和子辉还和其他小朋友分享了叠被子的方法，这时我问他们："咱们怎么这么快就把被子叠完了呢？"雨凡兴奋地说："刚开始我自己叠了两个，被子太大了，我围着床跑来跑去的，速度太慢了。后来我和子辉一起叠，一人一边，叠得特别快！"我肯定了雨凡的说法。子辉也说道："以后咱们就两个人一起叠，速度很快，而且叠得还很整齐呢！"优优也分享道："我还学会了一首叠被子的小儿歌呢，关大门、关小门、弯弯腰、翻跟头。"

📋 辨识与分析

1. 通过叠被子提升幼儿自我服务和服务他人的能力。陶行知先生曾说过："生活即教育，一日生活皆课程。"教师要善于挖掘幼儿一日生活中蕴含的教育价值，抓住生活中的教育契机。作为教师，要鼓励幼儿做力所能及的事情。幼儿在自我服务和服务他人的过程中感受到动手的乐趣，体验劳动的快乐。

2. 教师放手，引导幼儿学习掌握基本的生活技能和方法。大班幼儿动手能力较强，在成人的鼓励下能做自己力所能及的事。教师应该引导幼儿通过直接感知、亲身体验和实际操作来探究把被子叠整齐的方法，积累生活经验。教师的放手，既提高了幼儿的劳动能力，又让幼儿有了更多成长的空间和获取成功的机会。

3. 善于观察，在实际操作中体验合作化的共同学习。《指南》中强调儿童合作能力的培养是儿童教育的首要任务。在案例中，幼儿善于观察，发现教师和同伴合作叠被子速度更快，然后把经验迁移到自己身上，尝试两人合作叠被子，体验到与同伴合作做事情效率会高，真正感受到劳动的快乐和意义。

反思与策略

为幼儿创造更多的劳动契机，如在班中开展小小值日生活动，幼儿参加浇花、整理活动区玩具、进餐前搬椅子、分发小餐巾等活动。幼儿在活动中，体验着劳动的快乐和为大家服务的快乐，在劳动中也能认识自己，知道自己可以做很多事情，激发了幼儿劳动的兴趣与积极性。

结合幼小衔接劳动活动的内容，激发幼儿愿意劳动的欲望。例如，整理个人衣物、整理书包、打扫班级卫生等活动，为升入小学做好准备。

在生活中，引导幼儿认识劳动工具及其用途，引发他们对各类劳动工具使用方法的思考和探究。

重视幼儿合作意识的培养，创设幼儿合作的机会。教师需进行有效的评价和指导，激发幼儿深入合作的愿望，在生活中能够团结友爱，建立良好的人际关系。

（隗刘欢）

二、大班区域游戏中的劳动教育案例

案例一： 修补图书

案例背景

最近开展有关图书的主题活动，幼儿很喜欢去图书区读书，在读书时发现图书有掉页的现象，于是萌发了修补图书的想法，但是在修补的方法以及分工合作上还需要不断地探究。

案例实录

今天，鼎文和雪聪来到图书区读书，只见雪聪拿出一本看图讲话的图书翻看起来，鼎文选择了一本《漏》。雪聪看了一会儿，突然一页纸掉了下来，雪聪说："这本书坏了，掉页了。"鼎文放下手中的书，转过头来说："咱俩赶紧粘一下吧，要不到时候就找不到了。"雪聪说："好的。"于是鼎文把《漏》这本书放回柜子里，仔细地看掉页的书。雪聪把掉页塞到了书中，说："得用胶条粘上，这样就不会盖住上边的字了。"鼎文点了点头说："嗯，是的。"他翻了翻书，皱起了眉头："不对啊！页码不对！"雪聪也凑了过来，从 27 页翻着，"28，23，24，25，26，29，30，页码放错了！"雪聪把掉页拿出来说："23 页前边是 22 页，找 22 页。"两人往前翻到 22 页，然后雪聪把掉页放到了中间。鼎文去取了胶条器，撕下来一块胶条，竖着粘到掉页和书的连接处（图18）。粘了一小块后，鼎文停下手中撕胶条的动作，把书合上，说："掉的那页凸出来了，咱们粘得不整齐。"雪聪也仔细看了看，说："真是这样的。"我在旁边说："想想怎样才能粘整齐呢？"鼎文又把书翻开，仔细看了看粘书的地方，边指着边说："这里粘歪了，应该对齐了再粘。"于是两人把刚粘上的胶条轻轻地撕下来，把书页对齐。鼎文说："你扶着点，我粘，要不粘的时候会动的。"雪聪说："没问题。"雪聪一手扶着书页的上边，一手扶着书页的下边，鼎文撕下一块新的胶条，慢慢地竖着粘了上去。鼎文把书合上后，惊喜地说："这回没有露出来。"接着又撕了一块胶条把书页粘完。

图 18

辨识与分析

1. 大班幼儿有自主为班级服务的意识。两名幼儿在看到书页掉了之后，积极主动地去修补完整，自主选择材料来做自己想做的事情，在试错中发现问题、解决问题。

2. 幼儿有一定合作劳动的能力。幼儿在观察和交流中发现页码顺序不对，找到掉页的位置，并在操作中使用工具将掉页归位。在合作中，两个人持续探索、调整，最终将图书修补好，达到自己满意的程度。

反思与策略

1. 对于幼儿主动修补图书的行为进行鼓励和认可。教师使用照片的方式记录下幼儿修补图书的过程，对于他们对爱护图书的责任感进行鼓励。

2. 教师提供适宜的劳动工具，引发幼儿自觉修补图书的劳动行为。请幼儿分享修补图书过程中的发现，对使用工具的方法和合作完成的方法进行讨论。将幼儿讨论出的修补图书的方法展示在图书区墙饰上，可以隐性提示幼儿修补图书的方法。后期，教师可以请幼儿做图书管理员来检查并管理图书，使幼儿成为为他人服务、为班级服务的小小管理者，促进幼儿劳动自觉素养的形成。

（赵茜）

案例二：　我是服装设计师

案例背景

　　根据班级开展的"快乐阅读"主题活动，孩子们把自己喜欢的图书分享给班里的小朋友，其中故事"三打白骨精"是幼儿们最感兴趣的，还在表演区表演了起来。孩子们使用无纺布、布料以及塑料袋等为表演区制作表演服装。

案例实录

　　贝拉所在的组制作白骨精变成的老太婆的衣服。贝拉去拿针和线，王毅去拿胶条。思茗把衣服的袖子和衣服连接好，用小手按住对王毅说："王毅你来把这里粘一下。"王毅慢悠悠地从胶条器上扯下一节胶条粘在思铭手按住的地方，手离开的时候碰了一下衣服，刚粘好的地方又分开了，王毅看着衣服说："哎呀，刚粘上去的就掉了，还需要多粘一些胶条，应该就不会掉了吧。"思铭说："你像刚才那样竖着粘完后，再横着粘一粘。"王毅低头扯着胶条说："好的。"她们又在上面粘了好多条。可是当她们拿起衣服换地方的时候，刚才粘的又掉了。她们两个看着衣服叹了口气说："又掉了，怎么回事呢，怎么粘不住啊？"贝拉探过头看了看说："你们可以把手伸进去，像这样看好怎么连接，粘对地方就不会掉了。王毅你来把手伸进去，我帮你们扶着衣服连接的地方，思茗你拿胶条来粘。"

辨识与分析

　　在制作服装的过程中，幼儿认真、专注地按照计划和同伴一起合作完成。制作衣服时遇到衣服和袖子连接不上的问题，幼儿没有放弃，而是积极想解决问题的办法，这种遇到挫折不放弃的品质是值得大家学习的。幼儿在制作老太婆的衣服时能够尝试用不同方法进行制作，遇到问题后共同想办法解决问题，符合大班幼儿的年龄特点。

　　《纲要》中指出，大班幼儿能努力做好力所能及的事，不怕困难，有初步的责任感，体验劳动的乐趣。幼儿通过自己的双手制作服装，服务班级的表演区，体现出幼儿有较好的劳动意识，探索制作服装的技能，突显出大班幼儿爱同伴、爱集体、爱劳动的情感。

反思与策略

1. 讨论衣服各部分的连接方式，拓展劳动技能。请幼儿分享连接袖子和衣服的过程和方法，例如缝制衣服，既能连接结实，又能使幼儿穿上衣服。

2. 投放材料盒，培养幼儿收纳材料的能力。在准备材料时，有的材料比较多、散，幼儿取的时候容易导致桌子上比较乱，应该提前跟幼儿讲解取放规则，并在后期投放一个垃圾盒和材料盒。

（王萌）

案例三：　制作跳蚤市场的门脸

案例背景

大班年级组准备开展跳蚤市场活动，我们班幼儿想做一个跳蚤市场的门脸，于是搜集了很多酸奶盒子和奶箱，准备在美工区制作。

案例实录

梓希对浣尘说："咱们得先做两个底座，然后做两个柱子，上边再连接一个宣传的顶就可以了。"浣尘使劲点点头："底座应该大一点，要不容易倒。咱们上次做运动会宣传海报的底座就大。"梓希说："对呀，那得找个大的箱子当底座。"两人找到两个一样的奶箱放在两侧，梓希说："咱们的柱子还要高，能让小朋友通过这个门脸。箱子是空的，肯定倒。"浣尘说："箱子里放点沉的东西就好了。"梓希快步走向我："赵老师，有没有什么不用的东西，我们要用一下。"我说："你们想要什么样的，我去找找。"浣尘也走过来说："赵老师，不用的书就行。等跳蚤市场结束了再把书取出来。"我说："好的，我去找找。"过了一会儿，我将旧的杂志找出来放在他俩旁边。梓希将书分成了两摞，抱起一摞试了试重量，又抱起另一摞试了试重量，对浣尘说："差不多重。"然后把两摞杂志分别放到两个奶箱里。浣尘拿起宽胶带粘奶箱。梓希拿起一个酸奶盒在奶箱上比画了一下，说："一个酸奶盒太窄了，也不结实，还得粗点。"她又拿起一个酸奶盒与第一个酸奶盒对在一起说："这样宽度合适了吧?"浣尘说："这个宽度合适，咱们粘一下吧。"

辨识与分析

1. 将劳动教育渗透在游戏中。幼儿尝试规划跳蚤市场门脸的制作流程，并与同伴实施。从对话中可以看出幼儿的规划是从底部开始往上做，这样的顺序方便幼儿操作，也方便幼儿改进。

2. 幼儿将日常的已有经验迁移到劳动过程中。幼儿调动已有经验，自主选择材料制作门脸的各部分。幼儿有做各项比赛项目宣传板的经验，知道门脸的底部大一些才会支撑住，所以选择大的奶箱作为门脸的底部，同时在分析中发现奶箱内部要沉一些会更稳固，所以寻求教师的帮助，找一些杂志来填充底座，将杂志分成两摞后估重，初步保证两摞书的重量是差不多的，使得两个底座能够保持平衡，由此看出幼儿将科学知识迁移到制作生活材料中的能力。

3. 同伴间共同商量、解决遇到的问题，体现出幼儿在劳动过程中的条理性。底座制作完后，又在尝试和对话中决定将两个酸奶盒对着当支柱，然后继续行动，充分体现了幼儿在制作中的自信。

反思与策略

1. 在游戏中，教师观察幼儿的行为，跟随着幼儿的意愿，遵从幼儿的想法，看到幼儿能调动自己的经验来做事情，感到非常欣慰。在幼儿寻求教师的帮助后，教师反问幼儿需要的材料，使得幼儿动脑筋想办法，最终实现游戏的目标。

2. 分享幼儿的劳动经验。教师给予幼儿机会，引导幼儿将自己的游戏经验分享给大家，和大家讨论什么样的底座会更稳固。

3. 拓展有关门脸的结构经验。教师与幼儿搜集各种各样的门脸照片，引发幼儿对门脸的观察，拓展幼儿对门脸结构的认识。请幼儿做出跳蚤市场的门脸设计图，为下一步游戏做计划，提升幼儿为游戏服务的能力。

（赵茜）

三、大班户外活动中的劳动教育案例

案例一：解开跳绳啦！

案例背景

自练习跳绳以来，孩子们带来了自己的跳绳，在收跳绳的时候，孩子们随意将跳绳放到了筐里。

案例实录

今天户外游戏过后，男孩子们拿跳绳准备跳绳，不一会就传来了声音："跳绳全都系在一起了，怎么办呀？好乱呀。"我假装没听见，继续和女孩子们跳舞。我用余光看到男孩子们都皱紧了眉头，研究着手里乱成一团的跳绳。

李子辰跑过来对我说："高老师，你不在的时候，他们都不会卷绳子了，你看多乱呀！"我露出疑惑的表情说："发生什么了？那可怎么办？"他拉着我的手走过，我看见陈翔西在认真地分辨蓝色、粉色的跳绳，马泽元帮着他拽另外几根跳绳。旁边看着的几个男孩子不停地说："怎么办呀，真是的！"但是这几位正在解跳绳的男孩子非常冷静、专注。陈翔西把粉色的跳绳从一个结里拆出来，很快又发现另一个结缠着粉色跳绳，于是又解开了另一个结，就这样，粉色跳绳成功地拿出来了！但是，剩下的跳绳打成的结被孩子们越拉越紧，他们仿佛看不到从哪里能下手了。这个时候，他们打算把"难题"给我。我首先肯定了他们："跳绳系在一起，确实挺糟糕，不过你们积极地想办法解决问题，挑战困难，更值得表扬！刚才，你们几个一起成功解开了粉色跳绳，那怎么才能解开这个呢？用刚才的方法行不行？"他们摸了摸头说："试试吧。"他们拿过跳绳仔细地看，每个人拿了一种颜色的跳绳，寻找从哪个地方能够解开一点（图19）。就这样，他们真的把跳绳全部解开了！（图20）

图 19

图 20

辨识与分析

1. 面对问题，幼儿能够迁移已有经验解决问题。幼儿有系结的经验，会系结是解开结的基础，当其他孩子都在唠叨、抱怨的时候，这四位小朋友能够认真地想办法解决问题。当感受到第一次成功的时候，能够继续挑战第二次，最终解决了问题，获得了新经验。

2. 在合作解决问题的过程中获得新的经验。在探索解开跳绳的过程中，幼儿获得了通过劳动解决问题的新经验，同时，也能够在劳动的过程中对自己已有的做法进行回顾与反思。

📋 反思与策略

跳绳卷在一起是幼儿在生活中常见的事情。这样的情况是对幼儿进行劳动教育的契机，不仅能够使幼儿获得劳动方法，而且能对如何避免情况的再次发生进行反思，并延伸至其他活动中，扩展经验。

在日常生活中仍然要丰富幼儿的经验，并提升幼儿发现问题、解决问题的能力。与幼儿一起讨论怎样保护跳绳，避免卷在一起。鼓励幼儿用自己的方法解决问题，并帮助幼儿在主动思考的过程中获得更多的经验。

（高立）

案例二： 南瓜搬运工

📋 案例背景

活动区游戏结束了，孩子们想到自己为班级带来的南瓜还在传达室，悠悠说："我的南瓜也在传达室呢！今天我让爸爸帮我拿到幼儿园的，爸爸说给他累够呛！"涛涛说："我今天带来的南瓜比我的胳膊还要长还要粗。"越越说："我看见传达室的门口都被堵住了，有好多南瓜。"怎样把南瓜运回班里，成了孩子们又一个热烈讨论的话题。

📋 案例实录

在户外活动环节，涛涛和几个小朋友一起组成了南瓜小分队，他们还给自己取了名字叫南瓜搬运工。他们每人每次拿一个小南瓜，送了两次以后，涛涛说："这一次一次的太累了，下面还有这么多，我们想个办法，一次多拿两个上来。""你们有什么好方法吗？"我好奇地问。这时涛涛从班级的百宝箱里找来了一个牛奶箱，对我说："用这个箱子，就可以多装几个上来了。"

只见他向里面装了五个南瓜，两只手拎着箱子两边，试了下没拿动，于是他对旁边的悠悠说："这个需要两个人一起才能搬动，你能帮帮我吗？"他们两个用手揪着箱子盖的两边，刚走到楼道，悠悠喊道："不行不行，我的手指没有力气了，休息一下。"这时我搬着一个装有南瓜的小箱子走到他们身边说："是不是手指头特别酸？你们像我这样试一试，看看会不会好一些。"于是涛涛和悠悠学着我的样子，两只手分别抬着箱子底部的两个角，一步一步地向楼上走去。刚上了楼，他们两个就把箱子放了下来，我问："怎么停下来了？遇到什么问题了吗？"涛涛说："这个箱子下面好像要漏了，我刚刚从缝里好像能看到我的脚，我们得换个方法。"说着，涛涛用手拉着牛奶箱一侧的拉手往前走，悠悠在箱子后面推。这一次也顺利地将南瓜运到了班里。我对他们说："你们的方法真不错，又快又省力。"涛涛说："我姥姥有一个购物车，有三个轮子，还能上楼梯，要是把那个车拿来，我们就方便了。"

涛涛这一次下楼的时候拿着班里美工区的桌布，我问他是做什么用的，他对我说："张老师，纸箱不结实，装得也少，我想用咱们之前接海棠果的方法。""没问题，我们可以试一试，有好方法当然更好啦！你想怎么做呢？"我问道。涛涛说："这次我们把剩下的小南瓜都放到桌布里面，我们几个人一起一次运上去吧！"旁边的小朋友应和道："这个方法好，我们人多力量大。"说着就把剩下的小南瓜都放了进去，他们四个人一人抓住一个角，两只手握紧往上提，一下就把所有的南瓜提了起来，走在后面的涛涛说："我们像拎了一个大口袋。"上楼梯的时候，涛涛发现南瓜好像在往下滚，他把手举高，旁边的悠悠也举高，南瓜又轱辘到了中间。我也用手帮他们向上提着，就这样顺利地将南瓜都运到了班里。

📋 辨识与分析

1. 大班幼儿的动手能力显著提高，为班级、为小朋友服务的意识进一步增强。教师为幼儿提供了为班级服务的机会，幼儿能够一次一次地将南瓜运送到班里，遇到困难也能够坚持完成运南瓜的任务，体现出了大班幼儿为集体服务责任感。

2. 大班幼儿对生活中简单的劳动感兴趣，愿意参与到劳动活动中。班级教师在一日生活中给幼儿充分参与劳动的机会，满足幼儿劳动的意愿和想法。当幼儿想自己把南瓜运回班里时，教师与幼儿讨论了搬运的方法，支持了幼儿搬运南瓜的想法。

3. 大班幼儿具有一定劳动经验的积累，能够将劳动经验进行迁移，尝试解决运南瓜时遇到的问题。幼儿能够想到用箱子装、用桌布兜的方法，体现了大班幼儿主动探索的品质和丰富的生活经验。幼儿把南瓜装进箱子里，请小朋友帮忙抬的行为，表现出幼儿对自己能力的认识和与他人合作的意识。

4. 大班初期，幼儿对劳动具有一定的计划性，合作意识有所增强。教师在幼儿搬运南瓜的过程中让幼儿自主选择搬运方法、合作伙伴以及搬运工具，并为幼儿创造了合作的机会。

反思与策略

大班幼儿喜欢参与劳动，并且希望从劳动中得到认可。教师可以在生活中为幼儿创设多种参与劳动的机会，将生活、游戏与劳动相结合，如可以根据幼儿的兴趣开展一系列有关南瓜的活动，在活动过程中引导幼儿学会安全地使用不同的劳动工具，主动调整劳动的方法。在体验劳动的过程中更加热爱劳动；也可以利用故事、歌曲《劳动最光荣》感受劳动带来的喜悦感与成就感，让劳动逐渐成为一种习惯。

大班幼儿对身边为我们服务的人有了解，也具有一定的理解能力。可以将劳动延伸至幼儿的生活中，请幼儿自己确定劳动内容，如想一想可以为家里人做什么，劳动后请幼儿分享自己的感受、劳动的方法或窍门，从而获得劳动经验的积累。

大班幼儿在劳动中虽然具有合作意识，但是还需要教师创设更多合作的机会，对幼儿的合作意识进行强化和引导。例如通过有关合作的绘本故事，开展人多力量大的户外小游戏，加深幼儿对"团结就是力量"的理解。

（张颖）

第四章

劳动教育与德智体美"四育"
融合的教学活动案例

劳动教育旨在落实全面发展的教育方针,"教育与生产劳动相结合"等劳动教育命题的着眼点就在于培育在体力、脑力上均获得全面发展的人。劳动教育具有立德、益智、健体、育美等较为全面的教育功能。幼儿园的劳动教育更多要通过德育、智育、体育、美育等日常教育实现,使幼儿在集体活动、户外活动、小组活动、主题活动的亲历实践和动手操作的过程中实现劳动意识的内在自觉,劳动情感的自主生发,劳动价值的自主建构,初步形成劳动价值观。

第一节 劳动教育与德育融合的教学活动案例

儿童的品德教育主要是指道德品质教育，道德品质是指一个人依据社会道德行为准则行动时所表现出来的某些稳固的特征。道德品质形成的过程是一个长期积累的过程，幼儿的德育贯穿于幼儿一日生活中的各环节。劳动教育是落实立德树人根本任务的重要途径，作为一种实践性教育，当幼儿在劳动教育中萌发出热爱劳动、尊重劳动者、珍惜劳动成果的价值观时，劳动教育的德育属性便有所彰显。通过教育活动，帮助幼儿在日常劳动中锤炼不怕困难、坚韧不屈的品质，形成尊重他人、关爱他人的品格，培养出具有责任意识、具备集体主义观念和崇高的爱家、爱国、爱党情怀的新时代好儿童。

一、小班

案例一：我的衣服我整理

实施途径

集体活动

设计意图

孩子们来园已经 2 个多月了，在此期间，孩子们能够自己穿、脱、叠自己的衣服，能够主动收拾整理玩具。今天是孩子们每个月调换自己放在柜子里的衣服的日子，他们想自己把柜子里的衣服装到自己的小书包里。教师以此为契机，鼓励小班幼儿通过观察、模仿，尝试发现整理收纳衣服的好方法。

活动目标

1. 在把衣服装进书包的过程中，能够动手动脑，积极寻找方法。
2. 在游戏中巩固叠衣服的方法，有整理物品的意识。
3. 愿意参与整理活动，体验自己的事情自己做的快乐。

活动重点

在把衣服装进书包的过程中，能够动手动脑，积极寻找方法。

📋 **活动难点**

探索有序收纳的方法。

📋 **活动准备**

1. 物质准备：幼儿衣服（每个孩子一条裤子、一件上衣和一双袜子）、书包、多余的裤子若干条、娃娃家的衣柜、放满衣服的衣帽柜抽屉 2 个。

2. 经验准备：幼儿有自己叠衣服的经验。

📋 **活动过程**

1. 情景引入，激发幼儿对整理衣服的兴趣。

教师：今天我们要把自己的衣服拿回家，你能自己把衣服放进小书包里吗？今天老师给小朋友布置一个小任务，自己的事情自己做，把自己的衣服都装进书包里。说一说你打算怎样放呢？

幼儿1：先放一件，再放一件。幼儿2：自己装自己的。

2. 自由探索装衣服的方法，教师了解幼儿的做法，支持幼儿获得经验。

教师：我们每个小朋友有一个书包、一件上衣、一条裤子和一双袜子，我们需要把这些衣服放在书包里。现在我们就走到桌子边上，开始试着装一装。

（1）幼儿自主往小书包里装衣服，教师观察幼儿。

幼儿做法：不叠衣服，直接一件一件地拉拽；两件衣服叠好后，直接放进小书包里；叠好一件往书包里放一件；袜子随意放……

（2）教师提炼幼儿的第一次探索。

教师：现在请小朋友回到小椅子上。谁想来说一说你是怎么装的？（幼儿边说，教师边出示幼儿装衣服过程的照片）我们一起看看××小朋友是怎样装的。为什么他的书包很整齐？你还有什么不一样的好方法？袜子怎样装就不会东一只西一只了？

幼儿1：我们要把衣服叠起来，再放到书包里。幼儿2：如果衣服大，就多叠几次。幼儿3：两只袜子要放在一起。幼儿4：一只袜子可以装在另一只袜子里，就不会丢了。

教师提炼：我们在装衣服的时候，应该先把衣服叠整齐，放不下可以再折一下，先放大的，再把小的放在缝隙里，这样衣服背回家就不会皱皱巴巴的了。

（3）幼儿第二次探索整理衣服的方法，教师提炼。

教师：小朋友有那么多好方法，老师相信你们一定可以把自己的小书包装得整整齐齐。让我们把里面的乱衣服拿出来，再试试吧。已经整理好的小朋友再试试，看还可以再装进一条裤子吗？

教师：小朋友们可真了不起，自己会叠衣服、整理小书包。现在我有一个难题，这还有娃娃家的衣柜和两个小朋友的衣帽柜，你们有办法让它变整齐吗？

（4）分组探索整理衣服的方法，教师观察并支持幼儿的想法。

1组：整理娃娃家的小柜子，将衣服叠起来放在一起。

2组：把衣帽柜的抽屉拉开，上衣放在左边，裤子放在右边。

3. 提炼并小结幼儿整理衣服的经验。

教师：我们的小手真能干，可以自己整理自己的衣服，当妈妈爸爸看到我们整齐的小书包时，一定会为宝贝们点赞。我们还可以告诉他们，我们还会整理自己的小衣柜，先把衣服叠起来，上衣放在一起，裤子放在一起，袜子放在一起，这样我们在找衣服的时候特别方便。

📋 活动反思

本节活动来源于幼儿的生活，所以幼儿的兴趣非常浓厚。在整个活动中，孩子们认真专注，愿意自己的事情自己做，有初步的自我服务意识。在整理的过程中，从随意装衣服到叠一叠、摆一摆，能够将自己的衣服、物品叠放整齐，到最后能够帮助小朋友整理衣服。幼儿通过实际操作、动手动脑、真实劳动，在劳动中自主探究、获得经验，体验到劳动带来的整洁感、秩序感。

（董丽华）

案例二： 发带变干净

📋 实施途径

集体活动

📋 设计意图

儿童节庆祝活动中，小班小朋友展示球操时用的道具是发带和护腕，用过之后，孩子们发现自己的发带和护腕都脏了，于是我们开展此活动，让幼儿结合生活经验动脑筋想一想，怎么才能让发带和护腕变干净，并让幼儿实际操作。活动旨在培养幼儿良好的生活习惯，引导幼儿爱劳动，自己的事情自己做，乐于做一些力所能及的家务事。

📋 活动目标

1. 爱劳动，知道自己的事情自己做。

2. 结合已有生活经验，初步尝试洗自己的发带、护腕。

3. 在活动中心情愉悦，体验洗发带和护腕的快乐。

活动重点

爱劳动，知道自己的事情自己做。

活动难点

结合已有生活经验，初步尝试洗自己的发带、护腕。

活动准备

1. 物质准备：每人一个小盆子、一小块肥皂、一个晾衣架、一套用过的发带和护腕。

2. 经验准备：幼儿有洗袜子的经验。

活动过程

1. 谈话导入。

教师：孩子们，你们在儿童节的时候展示了球操，小发带和护腕帮助你们完成了精彩的演出，请你现在看一看，它们现在变成什么样了？闻一闻什么味道？

幼儿1：闻起来臭臭的。幼儿2：摸起来黏黏的。幼儿3：这个味道酸酸的，有点儿粘手。

2. 请幼儿结合生活经验说出将发带和护腕洗干净的方法。

教师：发带脏了怎么办？幼儿：我们可以把发带洗干净。

教师：那我们用什么工具让它变干净呢？

幼儿1：我们可以用洗衣液把发带洗干净。幼儿2：我们也可以用洗手用的小香皂，能把发带洗得香喷喷的。

教师：现在小朋友都长大了，可以自己做一些简单的事情了，我们可以自己把小发带和护腕洗干净。

教师：你怎么知道发带和护腕洗干净了呢？

幼儿1：闻起来香香的就是洗干净了。幼儿2：我觉得摸起来舒服就是洗干净了。幼儿3：看起来没有脏点点了就是洗干净了。

3. 教师介绍材料并提出注意事项。

教师：今天老师给你们每个人准备了小盆子、香皂和水，请小朋友洗一洗，比一比谁洗的发带最干净！你们知道洗的时候怎么能让你的小衣服、小鞋子不湿吗？

幼儿1：我们洗的时候把小袖子卷上去，小肚子贴着小桌子。幼儿2：洗的时候轻一点儿，不要让水花溅出来。幼儿3：我们也可以穿上小罩衣。幼儿

4：小手轻轻洗，小眼睛认真看。

4. 幼儿操作，教师观察。

（1）教师观察幼儿的清洗方法并及时与其他幼儿分享。

教师：我看到甜甜的两只小手前后搓着发带；我看到苏苏把小香皂在发带上转了两下就开始搓了；我看到周周搓几下用水泡一下，拿起来看一看，再接着搓。小朋友的办法可真多呀！

（2）引导幼儿发现洗完第一遍之后，还需要再次用清水洗才干净。

教师：有小朋友发现发带虽然洗干净了，可是有好多泡沫，这可怎么办呢？小泡沫洗不干净对皮肤不好哦。

幼儿：我们可以再接一些干净的水洗一洗。

（3）师幼共同将脏水倒进下水道，再一起接干净的水。提示幼儿要节约用水，用多少接多少，避免浪费。

（4）换水的过程中引导幼儿发现适合自己的水量。

教师：小朋友，想一想，接多少水你可以端得动而且不洒呢？

5. 晾晒发带和护腕，和老师、同伴交流感受。

教师：今天，小朋友把发带和护腕都洗干净了，你有什么感受吗？

幼儿1：我自己洗干净的，我可高兴了。幼儿2：我的发带滴水太多，壮壮帮我拧干了，我特别开心。幼儿3：我要回家告诉爸爸妈妈，我自己把发带洗干净了。

6. 教师小结。

教师：孩子们，今天我们在幼儿园一起洗了发带和护腕，那我们回家还能洗什么呢？小朋友长大了，小手可以做一些力所能及的事情了。希望小朋友以后都能自己的事情自己做。

活动反思

本次活动来源于生活，在幼儿浓厚的兴趣下，生活中的一切都是幼儿学习的内容。本着生活即教育的原则，班级生成本次洗发带的活动。幼儿在动口动脑动手中积累了清洗小件物品的经验，体验了热爱劳动的情感，萌发自己的事情自己做的意愿。

（鲁钰）

案例三： 洗樱桃

实施途径

小组活动

设计意图

因为我班开展了"好吃的水果"的主题活动，所以幼儿都对水果很感兴趣，在观察中发现了水果的多种特征，知道了哪些水果是可以带皮吃的，并对水果的营养有了简单的了解，喜欢利用水果开展多种游戏。于是我们结合幼儿的生活经验，用新鲜水果作为原材料，让幼儿亲手洗水果，在游戏中体验自我服务的快乐。

活动目标

1. 知道吃水果之前要将手和水果洗干净，帮助幼儿养成良好的卫生习惯。
2. 能够在操作活动中掌握洗水果的方法，尝试进行简单的点数。
3. 通过洗水果感受自我服务的快乐。

活动重点

知道吃水果之前要将手和水果洗干净，在游戏中体验自我服务的快乐。

活动难点

能够掌握洗水果的方法，尝试进行简单的点数。

活动准备

1. 物质准备：樱桃若干、碗一人一个、果盘、干净的水、盐、抹布、水果盆。
2. 经验准备：能简单做些力所能及的事。

活动过程

1. 谈话引出活动内容。

教师：小朋友们都吃过什么水果呢？请你用好听的话说给老师听。今天张老师也带来了好吃的水果和你们分享，我们一起来看看是什么？

幼儿1：我吃过黄黄的香蕉。幼儿2：我吃过红红的大苹果。幼儿3：我吃过甜甜的紫色葡萄。

2. 师幼讨论，为洗水果做准备。

（1）教师提问，调动幼儿已有经验。

教师：樱桃是什么味道的？小朋友都喜欢吃樱桃，那么吃樱桃之前要做什么事呢？谁能用完整的话表达出来？

幼儿1：我发现樱桃吃起来有点酸酸的味道。幼儿2：我吃过的樱桃很甜。

幼儿3：我吃樱桃之前要先洗手，还要把樱桃洗干净才可以吃，不然会生病。

教师：小朋友们都很棒，都能说出自己吃完樱桃后的感受，还知道吃水果之前不仅要洗手，还要将水果洗干净。

（2）教师介绍活动材料，激发幼儿参与的兴趣。

教师：今天我们要来给小樱桃洗澡了，这里为你准备了很多洗樱桃要用的东西，我们来看看都有什么？这些东西是用来做什么的呢？

幼儿1：我看到桌上有好多樱桃，还有一些洗樱桃的工具。幼儿2：我知道盐是用来消灭水果上的细菌的。幼儿3：我知道洗完樱桃要把樱桃放在干净的小碗里。

（3）教师提示清洗樱桃的注意事项。

①幼儿自主接水，注意接水量，四人为一组。

②用盐水清洗过樱桃后，需要用干净的水再洗一遍。

3. 幼儿自主探索洗樱桃的方法，教师观察幼儿的做法，支持幼儿获得经验。

（1）幼儿自主接水，尝试把握合适的水量。

教师：想一想，接多少水可以不洒在地上，又能把樱桃洗干净？

做法1：先接少量的水，不够再用盆去接，然后倒进原来的水果盆中。

做法2：接半盆水。

（2）第一次尝试用盐水洗樱桃，教师提出问题，引导幼儿观察。

教师：孩子们，你们观察一下，樱桃的哪个部分最脏？

幼儿1：我发现樱桃梗那里有泥，会很脏。幼儿2：我看见很多泥在樱桃的表面，需要用手搓一搓。

教师：刚才，小朋友一起用自己能干的小手在樱桃的根部、果肉的表面都搓上了盐，搓完后，小樱桃身上的泥都不见了。

（3）第二次探索用清水清洗樱桃，教师提炼。

幼儿1：我们用清水洗樱桃的时候，也需要用小手搓一搓。幼儿2：我们需要把樱桃梗拔下来，扔进垃圾袋。

教师：你的樱桃洗干净了吗？洗了几个？请你数一数。快和旁边的小朋友比一比，谁洗的小樱桃最干净？

幼儿1：我洗了3个、4个、5个……我发现有的小朋友没有洗干净樱桃，上边还有黑黑的东西。幼儿2：我看见轩轩洗的樱桃最多，而且都很干净。

教师小结：小朋友们在给樱桃洗澡的过程中都特别认真，小樱桃洗得非常干净，还掌握了正确洗樱桃的方法。小朋友都知道吃水果之前要把小手和水果洗干净，你们都是讲卫生的好宝宝，特别棒，一会儿我们吃完了，要把刚才用过的工具收拾干净。

4. 活动自然结束，幼儿盥洗，准备户外活动。

5. 活动延伸：回家可以给爸爸妈妈洗水果，感受为他人服务的快乐。

活动反思

本节活动巧妙地利用生活中的资源，将幼儿的生活经验充分地运用到游戏中来，依据幼儿的年龄特点和学习方式发起教学活动。在活动中，幼儿懂得与他人分享，并掌握了洗水果的方法，体验到了自我服务的快乐。同时教师的指导语也相对自然，在幼儿洗樱桃的过程中，对个别幼儿能够进行个别指导，随机教育的能力获得了较大的提升。在这次活动中，幼儿能够通过动手动脑获得好的方法，这样的劳动过程也会烙印在幼儿的心里，为幼儿今后的生活积累经验。活动也激发了幼儿喜欢劳动、愿意服务自己和服务他人的情感。

（张佳）

案例四： 我来挂衣服

实施途径

小组活动

设计意图

教师发现娃娃家和表演区的服装很乱，所以借此契机设计活动，让幼儿尝试探索挂衣服的方法并运用于生活中。

活动目标

1. 观察并了解衣架的特征，学习挂衣服的基本方法。

2. 尝试挂不同种类的衣服，探究挂衣服的不同方法，并且能平整挂在晾衣竿上。

3. 愿意参与劳动，提升生活自理能力，懂得自己的事情自己做。

活动重点

尝试挂不同种类的衣服。

活动难点

幼儿能用多种方法将衣服平整地挂在晾衣竿上。

📋 活动准备

1. 物质准备：衣架 30 个、不同种类的衣服若干（衬衫、马甲、卫衣、毛衣、羽绒服等）、晾衣竿 4 个。

2. 经验准备：幼儿有在区域活动中挂衣服的经验，了解不同种类衣服的结构特点。

📋 活动过程

1. 情景引入，激发幼儿对于挂衣服的兴趣。

教师：今天天气特别好，老师洗了很多衣服，需要小朋友们帮老师晾上。咱们来看一看怎么把这些衣服晾上呢？晾衣服会用到什么？小衣架是什么样子的？

幼儿 1：把衣服挂到衣架上。幼儿 2：我看过妈妈晾衣服，需要用到衣架。幼儿 3：小衣架上有一个弯弯的钩子，还有一个大大的洞。

2. 投放马甲、衬衫、裤子等衣服，幼儿初次尝试探索挂衣服的方法。

教师：我这里有很多衣服，你想一想怎么把这些衣服挂在衣架上呢？想好了的小朋友可以轻轻地走到小桌边去试一试。

幼儿操作，教师巡回指导，关注幼儿挂衣服的方法。

教师：你们真厉害，把小衣服都挂在了衣架上。请说一说你刚才挂了什么衣服？你是怎么挂的？

幼儿 1：我挂的是这件小马甲，我把衣服放在衣架的洞洞里。幼儿 2：我挂的是小衬衫，我看到小衣架有小钩子，可以当我们的头，把衣服给衣架穿上就挂好了。幼儿 3：我挂的是秋衣，把衣服套在衣架的小肩膀上。

3. 出示卫衣、毛衣、羽绒服、厚外套等，幼儿自主探索将衣服挂平整的好方法。

教师：怎么能把衣服挂平整呢？请你们再来试一试。

（1）幼儿自主探索挂不同种类衣服的好方法。

幼儿做法：把衣服铺在桌子上，用小衣架从脖领处往里套。幼儿在尝试挂厚外套和羽绒服时，发现用手提着钩子挂衣服很容易掉下来，因此尝试先系上扣子或拉锁再挂好。

（2）幼儿探索如何让衣服平整，教师提炼方法。

教师：孩子们，谁来分享一下，这一次你用了什么方法？你发现了什么？遇到了什么困难吗？

幼儿 1：我先把衣服铺平，小手拿着小衣架，从脖子的地方往里套，小衣服就挂好了。幼儿 2：我挂的是羽绒服，挂了两次都没有挂上，总是往下掉，所以我先把拉锁拉好了，再挂就不掉了。幼儿3：我请妹妹来帮忙，让妹妹帮我拿着衣架，我把毛衣套进去，衣服的肩部放在小衣架的撑子上就挂好了。

教师总结：你们的小手太能干了，一直在专注地探索，把这么多衣服都挂在了晾衣竿上，老师为你们点赞。

4.活动结束。

教师：刚才咱们挂了这么多衣服，你们真能干。我发现娃娃家和表演区的小衣服也需要整理一下，一会儿愿意去整理的小朋友可以去帮帮忙哟！

活动反思

本次活动源于幼儿在区域活动中的"真问题"。孩子们通过主动积极地探索、细致入微地观察获得了属于自己的亲身经验。在两次操作中，幼儿也了解了不同种类的衣服挂的方法是不一样的，在教师的引导下，幼儿能够将衣服挂平整，探索出多种挂衣服的好方法，这些方法可以为幼儿一生所服务。

（高晨雪）

二、中班

案例一：垃圾巧整理

实施途径

集体活动

设计意图

近期，班级开展了"我爱我的社区"主题活动，引发了幼儿爱护社区的情感。在与幼儿的讨论中，有的幼儿说要让社区的环境干净整洁，就要进行垃圾分类。孩子们收集了一些身边的可回收垃圾并带到了幼儿园，教师发现可回收垃圾比较占空间，就引导幼儿通过劳动进行整理，探索节省空间的好方法。

活动目标

1.探索让垃圾变形的方法，体验整理物品带来的便利与整洁。
2.乐于自己动手操作，体验劳动的成果并运用于生活中。

活动重点

探索让垃圾变形的方法，体验整理物品带来的便利。

活动难点

能根据垃圾的材质，探索可回收垃圾的变形方法，如拆、塞、捏、踩、撕等。

活动准备

1. 物质准备：三组垃圾桶、各种材质的瓶子、易拉罐、废旧的小毛巾、大小不一的废纸张、废旧小纸盒、废旧纸杯、废纸袋子等。

2. 经验准备：幼儿具有一定的有关垃圾分类的知识储备。

活动过程

1. 情景引入，从生活中遇到的现象引入主题，激发幼儿整理垃圾的兴趣。

教师：小朋友们，最近我们一起讨论了怎么爱护我们的社区环境，同时也了解了垃圾分类的相关信息，小朋友们在幼儿园也都能够认真地进行垃圾分类。但是昨天，小朋友放学后，老师在整理垃圾时发现了一个现象，请小朋友们看一看。（出示垃圾桶）小朋友们发现什么问题了吗？谁来说一说？

幼儿1：垃圾桶里的垃圾太多了。幼儿2：盖子都盖不上了。幼儿3：垃圾太大了，所以垃圾桶都放不下了。

2. 幼儿初次尝试解决问题，主动探索整理垃圾的方法。

（1）教师：小朋友们刚刚说垃圾桶里的垃圾太多了，那我们一起看看里面有多少垃圾吧。一共五个垃圾，你们觉得多吗？（不多）为什么垃圾桶就装不下了呢？（太大）小朋友们想一想有什么方法能让这些大盒子、瓶子都装进垃圾桶里，不露在外面？

幼儿1：用力往下压一压垃圾。幼儿2：把大一点的盒子拆开压扁。幼儿3：把纸揉成球。

（2）教师：请小朋友们自由结伴，两人一组，尝试一下刚刚说的办法，再试一试还有没有更好的办法能让我们的垃圾都装进桶里。

教师重点关注幼儿将可回收垃圾变形的多种方法。

（3）分享经验。

教师：谁来分享一下自己是用什么方法来整理垃圾的？谁有不一样的方法？

幼儿1：都装进去了，方法是把酸奶盒踩扁、变小。幼儿2：没有装完，方法是把垃圾都撕碎。

教师：有没有谁遇到了一些困难或者问题，可以与我们大家说一说，看看小朋友们能不能帮助你想想办法。

幼儿1：我用的是撕的方法。有的纸能撕动，有的纸要撕半天才能撕开，太慢了。幼儿2：好撕的可以用撕的方法，不好撕的也可以用踩的方法，这样就快啦！幼儿3：我的垃圾总是装不下，大的小的垃圾混在一起特别乱。幼儿4：可以先按照大小给垃圾分类，小的放在最下面，把大的折小、踩小再放进去。

3. 幼儿再次尝试解决问题，并探索新的方法。

（1）此次幼儿根据已有经验再次将可回收物品变形。

教师：小朋友们可真厉害，能探索出让垃圾变小的好方法，例如踩、撕、压。相信小朋友还能想出更多的方法来。请你们按照自己的想法再去探索一下，一会儿回到座位上时，请你完整地说出你用了什么方法，遇到的问题有没有解决。还有一个小任务，请大家将剩余的垃圾全部装进垃圾桶里哦！

教师重点关注幼儿运用的新方法。

（2）分享新的变形方法。

教师：小朋友们，你们的垃圾都装进垃圾桶里了吗？有没有探索出新的整理方法？再看一看成功将垃圾装进垃圾桶的小朋友是怎么做的？

幼儿1：我把纸都揉成了球，这样收整得快，纸也变小了。幼儿2：我先收拾大的垃圾，然后把小的垃圾都塞到了小缝里，这样垃圾就都装进去了。幼儿3：我用的方法不一样，用手捏瓶子、盒子也能让垃圾变小，垃圾也都装进去了。幼儿4：我先把小的放进去，再把大的垃圾折小放进去，也能节省空间放更多的垃圾。

4. 提炼小结幼儿的方法。

教师：老师把小朋友们整理的垃圾桶照片和昨天发现的垃圾桶里的垃圾都放不下的照片都放在大屏幕上，小朋友们来看一看咱们认真劳动的成果吧！我们用好的方法把垃圾整理好了再扔，可以节省更多的空间，让环境变得更干净、整洁，小朋友们高兴吗？

幼儿：高兴！

教师小结：今天，小朋友们特别认真、积极、主动地想办法整理垃圾，将垃圾都装进了桶里。小朋友们可以将今天掌握的整理垃圾的小技巧分享给我们的家人，运用到生活中，从而给社区里垃圾分类的工作人员减轻工作量。我们也可以再想一想，遇到不同的可回收物品时，还能用什么好的方法呢？活动后可以和身边的小朋友分享一下，或者回家试一试，请家长拍照片分享到班级群里。

活动反思

本节活动巧妙地利用生活中的资源，将幼儿整理垃圾、节省空间的想法赋予教育的智慧与意义。教师对幼儿整理的方法进行了分析和归纳，支持幼儿在观察、探究的过程中不断迁移已有经验，使幼儿通过动手动脑获得好的方法。幼儿在劳动过程中的思考与操作体验以及教师不断地观察、提炼对于劳动结果来说尤为重要，也激发了幼儿爱劳动、会劳动的情感。

（王艳）

案例二：五一劳动节

实施途径

小组活动

设计意图

五一劳动节是引导幼儿热爱劳动、尊重劳动者的最好时机。《指南》社会领域的发展目标中提道：幼儿要尊重为大家服务的人，珍惜他们的劳动成果。为了让幼儿了解各行各业的劳动人民，懂得尊重他人的劳动成果，激发幼儿的劳动热情，培养幼儿的劳动意识，提高幼儿的劳动技能，让幼儿养成爱劳动的好习惯，懂得劳动最光荣的道理，我们开展了"劳动最光荣，劳动我骄傲"的主题活动。希望通过此次活动，引导孩子从身边做起，从小事做起，练好本领，长大以后用自己的劳动为祖国做贡献。

活动目标

1. 了解五一劳动节的由来，知道五月一日是国际劳动节。
2. 通过活动，了解各行各业的人从事的劳动。
3. 激发幼儿尊重劳动者的意愿，知道要珍惜他人的劳动成果。

活动重点

通过活动，了解各行各业的人从事的劳动。

活动难点

激发幼儿尊重劳动者的意愿，知道要珍惜他人的劳动成果。

📋 **活动准备**

1. 物质准备：PPT（各行各业的劳动者工作的照片）。
2. 经验准备：体验过身边的人为自己服务。

📋 **活动过程**

1. 导入活动。

教师：孩子们，今天是什么节日？五一国际劳动节是谁的节日？你们知道这个节日是怎么来的吗？

2. 幼儿观看视频，了解劳动节的由来。

观看视频，师幼共同小结劳动节的由来，引导孩子知道现在享受的假期也是当时的劳动人民争取来的，所以我们要热爱劳动，用自己勤劳的双手创造幸福的生活，要尊重每一个劳动人民。

3. 说说身边谁是劳动的人，他们都做哪些工作。

（1）边看照片边提问、引导，启发幼儿理解劳动者是用自己的劳动为大家服务的人。

教师：我们出门可以坐车，饿了可以去饭店吃饭，买东西可以进商店，你知道是谁给我们带来这样的方便吗？

小结：这些人都是劳动者。生活中有各种各样的劳动者，任何通过自己的双手努力获得劳动成果的人都值得被尊重。

（2）教师：此次疫情，将近 3 个多月，有哪些人在默默地为我们服务？

教师向幼儿介绍不同行业的劳动者（医护人员、建筑工人、社区工作者、快递员等）从事的劳动，引导幼儿了解他们的辛苦。

（3）说一说应该怎样尊重和关心劳动人民。

📋 **活动反思**

本次活动，幼儿通过观看视频了解了五一劳动节的由来，知道今天的幸福生活是通过劳动人民勤劳的双手奋斗得来的。小朋友们不仅要热爱劳动，而且要尊重每一位劳动者及其劳动成果。

（宋鸽）

案例三：自制浇花器

📋 **实施途径**

集体活动

设计意图

班里种植了蔬菜后，孩子们都非常精心地照顾着种子，每天给种子浇水。但是孩子们发现种植的蔬菜比较多，浇水的工具不够，当大家都想去为小种子浇水时需要轮流拿水壶，一遍一遍地往班里跑，不方便。大家就想到了制作浇花器，这样每个人都有自己的浇花工具。

活动目标

1. 能够选择适宜的工具钻水枪的孔。
2. 在操作中感知孔的大小、多少与水流的关系。
3. 在制作中能够安全使用工具，会保护自己。

活动重点

能够选择适宜的工具钻水枪的孔。

活动难点

在操作中感知孔的大小、多少与水流的关系。

活动准备

1. 物质准备：矿泉水瓶、幼儿讨论后搜集的打孔工具（大头钉、钉子、螺丝、剪刀、锥子、刮画棒、扭扭棒）、水、小黑板。
2. 经验准备：幼儿有运用工具打孔的经验；与幼儿讨论并确定用矿泉水瓶盖打孔的方法制作浇花器。

活动过程

1. 谈话导入。

教师：小朋友们发现浇水的工具不够，想到了自制浇花器。我们收集了自制浇花器的材料和制作工具，今天我们来试一试。

2. 引导幼儿讨论如何钻孔。

（1）教师出示并介绍收集的工具。

教师：我们之前搜集了很多工具，请小朋友说一说你准备用什么工具？如何打孔？打孔时需要注意什么？

幼儿1：我准备用扭扭棒打孔，扭扭棒上面有尖尖的铁丝，可以扎在瓶盖上打孔。幼儿2：我想用大头钉打孔，打孔的时候要注意不能扎到手。幼儿3：我准备用钉子打孔，钉子的头是尖尖的，可以扎透瓶盖，也要注意不能扎到自己。

教师：小朋友们说得非常好，我们要用尖尖的物品将瓶盖扎透来制作浇花器，同时要注意不能扎到自己和同伴。

（2）提出制作要求。

教师：我们制作的时候要注意以下几点：①每次选择一种材料尝试，如果不行可以换材料，不用的材料及时收回。②游戏中注意安全，不要伤到手。③做好后可以灌水试一试能否自动出水。

3. 幼儿动手操作，教师巡回指导。

（1）幼儿操作、教师观察。观察点：幼儿选择的工具是否适宜、钻孔的方法是否安全、幼儿探索的钻孔方法。

（2）游戏中尝试调整。

教师：如果你完成了，可以灌水尝试一下，看看你的浇花器是否能够自动出水。

①如果游戏中发现打孔的问题，进行调整。

②游戏中探索发现水流大小的原因以及什么样的水流速度适合浇花。

4. 经验分享。

（1）幼儿介绍运用的打孔材料、打孔的方法以及遇到的问题，小结哪些材料可以钻孔。

幼儿1：我开始用的扭扭棒，但发现扭扭棒太软了，扎不透瓶盖，后来我又用了大头钉，用力按就扎过去了。

教师：哦，扭扭棒太软不适合，大头钉可以扎过去。

幼儿2：刮画棒也不行，我用力也扎不过去，它头不够尖，也不锋利。我后来用了锥子，锥子可以扎过去，我扎了三个孔呢。幼儿3：我用的钉子，用力就扎过去了。幼儿4：我也用的钉子，没扎过去，我拿的是大大的钉子。然后我试了试螺丝也不行，再后来换成大头钉了，可以扎过去了。

教师：咦，为什么有说钉子可以的，有说不可以的呢？

幼儿5：大的钉子不可以，小的可以。

教师：为什么大的不可以呢？

幼儿6：因为大的按不下去，头不够尖。

教师：那我也试一试。（教师尝试用力扎）我用大的钉子也可以，为什么呢？

幼儿7：因为老师的力气大，能按动大的钉子。

教师：哦，因为老师的力气大，所以大钉子也能按下去，小朋友的力气什么样？

幼儿8：小朋友力气小。

教师：是的，所以这些材料有的小朋友可以直接扎过去，比如小钉子、锥子、大头钉。有的扎不过去，就像扭扭棒和刮画棒。也有的小朋友力气小扎不过去，但力气大一些的大人能扎过去，比如大钉子。有小朋友尝试剪刀吗？

幼儿9：我先用剪刀扎的，没扎过去，然后老师和我一起用剪刀的尖来回转，就扎出一个孔。

(2) 分享自动出水的方法，发现影响水流大小的因素。

教师：那小朋友们有没有发现怎样才能自动出水？

幼儿1：老师，我这个一挤就出水了。

教师：用挤的方法可以出水，怎样做能让水流变大呢？

幼儿2：用力挤。

教师：用力挤水就大，轻轻挤就小对吗？那怎样能自动出水呢？这样我们就不用一直拿着浇了。

幼儿3：我这个可以，我这个孔大，直接倒过来就会滴答水，能自动流出来。

教师：孔大的，直接倒过来可以自动滴水。小朋友还有什么发现吗？

幼儿4：老师，我扎了很多孔，一挤能出来很多水。阳阳扎了一个孔，只能出一点水。幼儿5：我一个孔可以浇得很远。

教师：哦，阳阳发现一个孔的浇花器水浇得远，翰翰说孔多水出得多，孔的多少也和水浇的距离和出水量有关。

5. 为植物浇水，自然结束。

教师：小朋友在自制浇花器的过程中发现了这么多，你们真是爱动脑筋的小朋友。咱们一起用我们做的浇花器来给小种子浇水吧。

活动反思

本节活动来自孩子们的发现，追随孩子们的需求。我们收集可以制作浇花器的材料，将孩子们猜想的可以打孔的工具都准备好。孩子们通过实际操作，对比发现适合打孔的工具。教师不断地观察、提炼、梳理对于制作结果来说尤为重要，帮助孩子们提升和梳理了经验，知道哪些工具更适合打孔，怎样做可以让浇花器自动出水。最后为植物浇水的环节激发了幼儿爱劳动的情感。

（张娜）

三、大班

案例一：我的祖国最棒

实施途径

集体活动

设计意图

在开展完诗歌《我爱祖国一万年》的集体活动后，幼儿对代表中国的事物特别感兴趣，并在家自主地了解代表中国的东方明珠、鸟巢、万里长城等建筑，利用新闻播报的形式进行讲解。同时，班里活动区在让幼儿了解印刷术的基础上，尝试运用版画的方式来制作图书。幼儿便想用自己的方式来制作一本关于祖国的图书，表达自己作为中国人的骄傲和自豪之情。因此，运用自己的双手使用不同方式来制作图书的活动便应运而生。

活动目标

1. 能够按照计划，使用不同的美术表现形式，自主选择材料制作图书。
2. 能够大胆用语言表达代表中国特色的事物。
3. 在制作图书的过程中能感受到祖国的强大，萌发爱国之情。

活动重点

能够按照计划使用不同的美术表现形式，自主选择材料制作图书。

活动难点

在制作图书的过程中能发现问题，尝试调整并解决问题。

活动准备

1. 物质准备：刮画笔、吹塑板、不同颜色的水粉、碌子、作品展板、罩衣、黑板、计划书、水彩笔、A4 纸、塑封膜、马克笔、KT 板、铅笔、彩泥、《我爱祖国一万年》PPT。

2. 经验准备：了解版画的制作原理；根据自己的意愿提前制订好做书计划。

活动过程

1. 通过朗诵《我爱祖国一万年》，感受祖国的伟大，导入做书的活动。

教师：今天上午过渡环节的时候，我听到小朋友说特别喜欢《我爱祖国一万年》这首诗歌，下边请小朋友来朗诵这首诗，想一想带着什么样的感情来朗诵这首诗？（请小朋友起立，领诵的小朋友上前）（配班老师播放 PPT）

2. 出示幼儿计划，引导幼儿按照计划来做书页内容。

教师：小朋友搜集了代表中国符号的材料，准备做一本书，还制订了计划，书的名字是《我的祖国最棒》。你准备做的书页内容是什么？现在请你轻轻地搬着小椅子，选择你计划用的材料去做书页内容。

幼儿1：我准备使用版画的方式制作鸟巢。因为我们在鸟巢举办了北京奥运会，我感到特别自豪。幼儿2：我想在塑封膜上画出万里长城。因为万里长城是世界八大奇迹之一，我爬过长城，长城可真长啊！

3. 幼儿制作，教师个别指导。

教师：请小朋友在绘画时注意桌面干净整洁，用什么材料拿什么材料，用完了把材料放回去。制作好书页内容后就可以贴在展板上。

4. 幼儿分享书页中的内容，表述作品的美，同时分享在制作过程中的发现。

教师：谁来说一说你画的这页书的内容哪儿最棒？你最喜欢它的什么地方？谁还来说一说你在制作的时候发现了什么问题，是怎样解决的？

幼儿1：我最喜欢使用版画画出来的大熊猫，这是我用印刷术做出来的，特别像中国的年画。大熊猫是中国的国宝，它最喜欢吃竹子，它胖乎乎的特别可爱。幼儿2：我发现使用版画制作书页内容的时候，要在吹塑板上用碌子把颜料都涂满，然后快点拓印，要不颜料很快就干了，印出的书页内容就不清晰了。幼儿3：印刷的纸张和吹塑板模具要对准再印刷，要不印出来的内容是歪的。幼儿4：在用橡皮泥拼贴的时候用手往外抹一抹，粘贴的橡皮泥才会是薄薄的。

5. 教师提炼幼儿分享的内容，并引发爱国之情。

教师：小朋友用巧手制作出自己心中伟大的祖国画面，伟大的祖国有大熊猫、鸟巢和天安门广场。你有什么感受？

幼儿1：伟大的祖国，你真厉害！幼儿2：祖国，我爱您！

教师：那你用什么行动来表示你是爱祖国的小朋友？

幼儿1：我要做到光盘行动，珍惜粮食。幼儿2：我要做到垃圾分类，为祖国干净优美的环境做贡献。幼儿3：我还要去了解有关祖国的知识，宣传给我周围的人，让大家都来爱护我们的祖国。

6. 活动自然结束，幼儿盥洗并准备户外活动。

教师：今天咱们做了《我的祖国最棒》这本书的书页内容，下次咱们可以想办法把这些书页装订在一起，用自己的双手来完成这本书。

活动反思

此次活动中，教师能抓住幼儿萌生爱国情感的教育契机，结合班中印刷术这一劳动形式，引发幼儿制订计划、选择自己想用的方式来制作《我的祖国最棒》图书。幼儿在分组制作图书中使用了四种方式，在做做、说说中感受亲手制作图书的乐趣，不仅从制作图书的过程中体验到在劳动中发现问题、解决问题的成就感，而且更加了解祖国、热爱祖国。

（赵茜）

案例二： 给大树穿冬衣

实施途径

小组活动

设计意图

季节的变化让孩子们感受到了自己的变化，也观察到了环境的变化。孩子们发现马路两旁的大树都穿上了白色的"衣服"，于是萌发了亲手给大树穿衣服的想法。孩子们自主进行调查，开始计划自己想要的材料，产生了自发的劳动行为。

活动目标

1. 了解冬天对大树的影响，掌握保护树木的方法。
2. 能初步与同伴合作，尝试解决问题。
3. 感知气温的变化，通过自身体验萌发保护树木和热爱劳动的情感。

活动重点

能够初步掌握给大树御寒的方法。

活动难点

能够通过合作的方式解决问题。

活动准备

1. 物质准备：幼儿填好的调查表、布条、麻绳、幼儿准备的材料、夹子。
2. 经验准备：幼儿参加过有关缠绕的游戏。

活动过程

1. 谈话导入，激发幼儿兴趣。

教师：小朋友们，现在是冬天了，你们有什么感受？

幼儿1：非常冷！

教师：你有什么发现吗？

幼儿1：我们都换上了厚厚的衣服。幼儿2：我们家里面都有地暖了。幼儿3：我们要吃热热的东西。我还发现社区里的大树都涂上了颜色，穿上了衣服。

2. 调动生活经验，幼儿自主分享调查表。

教师：刚刚有小朋友说大树穿上了衣服，其实环卫叔叔给大树涂颜色叫刷白，刷白不仅能够给大树保暖，而且能够防虫咬。我们小朋友还进行了调查，你还有什么其他的方法能给大树保暖吗？

幼儿1：我看到可以给大树穿上衣服，用布包起来。幼儿2：我查到了可以用保鲜膜、塑料布缠绕在树干上。幼儿3：还可以用培土的方法给大树的树根保暖。

教师：你们调查出了这么多方法，你想用什么材料、什么方法给咱们幼儿园的大树保暖呢？

幼儿1：我想用毛线，给大树穿上毛衣。幼儿2：我想用塑料袋，盖在大树身上。幼儿3：我想用布条，缠在大树的身上，跟穿上真的衣服一样。

3. 介绍材料，自由分组，自主选择材料给大树穿衣服。

教师：刚刚小朋友介绍了很多方法，你们说的材料已经在桌子上摆放好了。现在请你们自由分组，每组4名小朋友，选完材料就去给幼儿园门前的大树穿衣服吧。

（1）第一次尝试：幼儿操作，教师观察幼儿缠绕情况并进行讨论。

幼儿操作：孩子们拿起麻绳的一头先用胶条固定，然后一手拿着线团开始围着大树转圈缠绕；孩子们将塑料袋连接在一起贴在了大树上。

教师：怎样缠绕能够让大树更加温暖呢？观察一下我们的衣服是有缝隙的还是没有缝隙的呢？

幼儿：没有缝隙。

教师：那怎样缠绕才没有缝隙呢？

幼儿：一层接着一层，从上往下或者从下往上缠绕。

（2）第二次尝试：幼儿操作，教师进行观察。

4. 总结提升，活动自然结束。

教师：今天我们付出自己的劳动，给大树穿上了厚厚的衣服，这下大树也变得暖暖的了。小朋友们都非常有爱心。我们幼儿园还有这么多大树,希望小朋友继续帮助这些大树朋友。现在我们也回去补充一下能量吧!

活动反思

本节活动巧妙地利用了自然资源,将幼儿在实际生活中的发现迁移到了活动中。孩子们在发现问题、解决问题的过程中不断地积累经验。通过亲身体验、实际操作帮助大树穿上了衣服,不但培养了幼儿热爱大自然的情感,也在劳动的过程中思考操作,提升了劳动的荣誉感。

(樊晨曦)

案例三: 清洁小助手

实施途径

小组活动

设计意图

孩子们升入大班以后,自理能力明显增强,特别愿意帮助老师和小朋友们做事。幼儿是幼儿园的小主人,为了让幼儿体验劳动的快乐,感受教师和幼儿之间愉悦的氛围,培养幼儿保持卫生的义务和责任感,在清洁的过程中更好地发挥幼儿"小主人"的意识,特开展本次活动。

活动目标

1. 学习整理活动区及班级环境。
2. 增强服务意识,养成保持环境整洁的习惯。
3. 学习与同伴合作完成任务,体验成功的快乐。

活动重点

整理活动区及班级环境。

活动难点

养成保持环境整洁的习惯。

活动准备

1. 物质准备:幼儿在家劳动的照片、幼儿从家里带来的劳动工具等。
2. 经验准备:知道一些值日工具的使用方法。

📋 **活动过程**

1. 发布"清洁小助手"岗位招聘公告。教师公布招聘岗位，介绍相关的招聘内容（班级各个区域）及其职责要求。

2. 幼儿根据之前确定的小组，商量竞聘策略，并各自分工做准备。

3. 召开"清洁小助手"招聘大会。

（1）教师宣布招聘活动开始，介绍招聘岗位，出示各岗位的标志。

（2）竞聘演说。各小组向大家展示本小组的设想，如我们组要竞聘交往区，我们打算整理交往区娃娃机的奖品、食品区的食品，要把收银台摆放整齐等，表示本组活动准备充分，个个能干，有实力应聘相关岗位。

（3）对于几个小组都准备应聘的岗位，可以进行两轮竞聘演说；对于落选的小组，教师要及时引导、安抚他们低落的情绪，帮助他们尽快找到适宜的岗位。

4. 根据应聘的岗位，各小组准备所需的工具并开始工作。

（1）与教师一同整理活动室。教师随时巡视，注意观察各区域收放玩具、整理区域的情况，帮助幼儿解决问题。

（2）各个区域整理一段时间后，教师与幼儿一起巡视各个区域，看一看整理后的变化。鼓励幼儿讲一讲自己和同伴是怎么做的，谈谈自己的感受。

（3）幼儿与教师一同检查各区域玩具收放、整理及清洁情况，并将结果记录在区域评选表格中。

5. 共同评出清洁小助手。

（1）将评出的清洁小助手在"我是清洁小能手"专栏内公示。

（2）对全班所有幼儿努力整理活动区、争做清洁小助手的行为给予鼓励。

📋 **活动反思**

在幼儿整理交往区娃娃机的奖品、食品区的食品时，发现东西特别多，小朋友玩完没有收好，整理起来非常困难。通过整理，幼儿感受到了整理的辛苦，纷纷表示"以后玩的时候一定随手收拾好"。在整理完一起巡视各区后，孩子们看到了整理后的变化。孩子们争先恐后地说着自己劳动的内容，可以看出孩子们为自己的劳动成果感到自豪。活动结束后，大汗淋漓的孩子们仍旧沉浸在劳动的喜悦中。此次活动不仅增强了幼儿理解劳动、尊重劳动、热爱劳动的意识，而且在活动中体验到了劳动的乐趣，体会到了劳动的真正意义。

（李鑫洋）

第二节 劳动教育与智育融合的教学活动案例

　　幼儿的思维以具体形象思维为主，喜欢接触新事物并动手动脑，在探究中通过观察、比较、操作、实验等方式，在发现问题中分析、解决实际问题，获得经验并运用于新的活动中。幼儿在劳动的过程中，通过亲身体验与动手操作获得智力发展，形成良好的劳动态度和能力，为后续学习奠定基础。

一、小班

案例一：试取柠檬汁

实施途径

　　集体活动

设计意图

　　在"遇见柠檬"主题活动中，幼儿给柠檬取籽、晒干，丰富了对柠檬的认知经验。在制作柠檬美食的活动中，大家对柠檬布丁很感兴趣，"柠檬布丁是不是需要很多柠檬汁呀""柠檬汁怎么弄啊""挤出来的呗"……于是孩子们又对柠檬汁有了兴趣，想自己动手做柠檬汁。为此教师设计了一节"试取柠檬汁"的操作实践活动，让孩子通过自己动手操作取柠檬汁，感知操作带来的成功体验。

活动目标

　　1. 乐于参加科学探索活动，并用语言表达自己的发现。
　　2. 通过探索发现不同取汁工具的不同用法，体验动手操作的乐趣。
　　3. 在取柠檬汁的活动中发展动手能力。

活动重点

　　探索取柠檬汁的各种方法。

活动难点

　　能正确使用榨汁工具成功取出更多的柠檬汁。

活动准备

1. 物质准备：一次性桌布、一次性塑料纸杯、切片柠檬若干、半个柠檬若干、小毛巾、托盘。

2. 经验准备：幼儿对柠檬有一定的了解。

活动过程

1. 谈话引入，激发幼儿对取柠檬汁的兴趣。

教师：之前我们看过很多用柠檬制作的美食，小朋友说想制作柠檬布丁，做柠檬布丁需要用到柠檬汁，今天赵老师这里准备了很多柠檬，你们想怎么取柠檬汁呢？

幼儿1：用手使劲儿挤柠檬。幼儿2：先把柠檬切两半儿。幼儿3：切成小片再压一压。

2. 主动探索徒手取柠檬汁的方法。

（1）观察幼儿取汁的各种方法。

教师：请说一说你是怎么取到柠檬汁的？

幼儿1：我是用手使劲挤半个柠檬，柠檬汁就出来了。

教师：你挤的时候发现了什么？

幼儿2：手很疼，汁不容易出来。幼儿3：我后来又用切片的柠檬，就很容易挤出汁来。

教师：你真聪明，通过比较发现切片的柠檬比半个柠檬更容易出汁。那生活中你们见过家长都是怎么弄果汁的吗？

幼儿1：我妈妈是把水果放在一个半圆的盒子里，然后用手压一压就行了。幼儿2：我见过把水果放在一个夹子里，然后向下一按，下面就出果汁了。

（2）认识取汁工具。

教师：今天老师也带来了一些简易的取汁工具，请你们看一看这些工具都是什么样子？

幼儿1：这个就是我说的那种半圆凸起的工具，我从家里带来了。

教师：一会儿请小朋友自由选择你想尝试的取汁工具，分享的时候请说一说你是用哪个工具成功取出柠檬汁的。

3. 幼儿自主探索各种简易取汁工具的使用方法，教师支持幼儿获得经验。

（1）幼儿自主探索取汁工具的使用方法，教师巡视并倾听幼儿想法。

（2）第一次探索后，教师进行小结，提升经验。

教师：我看到大家刚刚都用小工具取出柠檬汁了，谁来说一说，你刚才用到了哪个工具？

幼儿1：我用到了这个工具，拿切一半的柠檬放在上面使劲摁就出汁了。

教师：真棒！你们觉得剩下的柠檬里还有没有汁？我们除了摁上去能出汁，还有没有更好的方法呢？

（3）第二次探索，教师提炼。

教师：孩子们，谁来完整分享一下，你用这个工具的时候，发现怎么用可以更快出汁了吗？

幼儿：我拿起这半个柠檬后，把它放在工具上摁了一下，然后又拿起来在这个有尖角的部分转了转，就又出来很多柠檬汁。

教师：哇，你有一双会发现的眼睛，老师为你点赞。谁再说一说用其他工具是怎么取到柠檬汁的呢？

教师：请你们再来试一试，一会儿我们集体分享，找出最方便取汁的工具。

（4）第三次探索，教师观察并支持幼儿的想法。

4. 小结幼儿关于取柠檬汁的经验并回归生活。

教师：今天，小朋友们用自己的方法都成功取到了柠檬汁，我们就用这些柠檬汁做柠檬布丁，你们开心吗？在取汁过程中，我们发现半个的柠檬更适合这样半圆凸起的取汁工具，切片的柠檬更适合这种按压式的取汁工具。在取汁的过程中，小朋友们特别认真、专注，通过自己的劳动获得了柠檬汁。在日常生活中，小朋友也可以动手榨取其他的水果汁。我们一起把柠檬汁送到食堂，用它来做柠檬布丁啦。

📋 活动反思

本节教育活动是在"遇见柠檬"主题活动中，幼儿自发生成了取柠檬汁的想法，教师基于幼儿兴趣开展的一节自主探究实践活动。《指南》中指出，幼儿学习的核心是激发探究兴趣，体验探究过程，发展初步的探究能力，成人要善于发现幼儿的好奇心，引导幼儿通过观察、操作等方法，帮助幼儿积累经验，运用于学习生活中，形成受益终身的学习态度和能力。在家长的配合下，幼儿从家里带来了简易的取汁工具并动手操作，体验劳动带来的成功感。活动也引发了幼儿进一步探究榨取其他水果汁的欲望。

（赵媛英）

📋 案例二：车轮变干净

📋 实施途径

小组活动

设计意图

　　车轮帮助幼儿完成了好看的作品，但是幼儿发现车轮上留下了很多的颜料，于是有了清洗车轮的愿望。教师尊重幼儿的想法，支持幼儿想劳动的愿望。幼儿在操作中自己去发现怎样洗车轮，什么工具最适合洗车轮，在劳动中获得成功的体验，乐于探究、乐于劳动。

活动目标

　　1. 在洗车轮的过程中探索清洗干净的方法。
　　2. 愿意自己清洗车轮，做力所能及的事情。
　　3. 在活动中心情愉悦，体验把车轮洗干净的快乐。

活动重点

　　能够自己清洗干净车轮。

活动难点

　　能够在反复尝试中梳理出清洗车轮的方法。

活动准备

　　1. 物质准备：若干个沾有颜料的小汽车、小水盆一人一个、刷子、百洁布、清洁球、小毛巾若干、报纸若干。
　　2. 经验准备：幼儿有清洗其他物品的经验。

活动过程

　　1. 出示汽车滚画作品和使用过的小汽车，引出主题。
　　教师：孩子们，创作滚画作品时，小汽车帮助你们完成了漂亮的作品，请看一看它们现在变成什么样了？闻一闻什么味道？
　　幼儿1：车轮上面沾满了颜料，摸起来黏黏的。幼儿2：闻起来有点儿酸酸的，还有点儿臭。幼儿3：看起来脏脏的。
　　2. 幼儿结合生活经验说出洗车轮的方法。
　　教师：小汽车脏了怎么办？
　　幼儿：我们来把它洗干净吧。
　　教师：那我们怎么让它变干净呢？
　　幼儿1：用水泡一泡，用布擦一擦。幼儿2：我们可以用洗涤剂或香皂，妈妈经常用这些清洗物品。幼儿3：我们也可以用小刷子刷一刷。

教师：现在小朋友都长大了，可以自己把小汽车和车轮洗干净。

教师：你怎么知道它洗干净了呢？

幼儿1：没有颜料就干净了。幼儿2：闻起来香香的，看起来没有颜料就干净了。

3. 教师介绍清洗材料，提出注意事项。

教师：今天老师给你们每个人准备了小盆子、清洁球、百洁布、刷子，请小朋友洗一洗，比一比谁洗的小汽车最干净！你们知道洗的时候怎么能让你的小衣服、小鞋子不湿吗？

幼儿1：我们可以穿上小罩衣。幼儿2：小肚子贴住小桌子，轻轻地洗。

4. 幼儿操作，教师观察指导。

（1）教师观察幼儿的清洗方法并及时与其他幼儿分享。

（2）师幼共同将脏水倒进下水道，再和幼儿一起接干净的水，提示幼儿要节约用水，用多少取多少，避免浪费。

5. 晾晒小汽车，和老师、同伴交流感受。

教师：今天小朋友自己把小汽车洗干净了，你们是怎么洗干净的？有什么感受吗？

幼儿1：小车轮会转来转去的，所以要在水里转一转。我用自己的小手努力地把小车洗干净了，真高兴啊！幼儿2：小车轮不好洗的时候，我就泡一会儿再刷，结果真的干净了！幼儿3：我喜欢自己的事情自己做。

6. 结束部分。

教师：孩子们，今天我们一起洗了小汽车和小车轮。清洗的时候，我们使用了清水、洗涤用品，小车轮转动的时候我们还要跟着一起转动，把每一个缝隙都洗干净，很厚的颜料还要泡一泡，泡软了就更好清洗了。小朋友长大了，可以做一些力所能及的事情了，希望小朋友以后都能自己的事情自己做。

活动反思

通过清洗小车轮，孩子们获得积极的劳动情感，在操作中探索清洗小车的好方法，同时感受到劳动带给自己的快乐。在操作中遇到困难时并没有求助，而是尝试自己想办法。看到自己清洗干净的小汽车，孩子们脸上洋溢出了满满的自豪感。教师在最后帮助幼儿梳理清洗的方法，同时延伸至生活中，激发幼儿进一步劳动的欲望。

（鲁钰）

二、中班

案例一：冰中取物

实施途径

主题教育活动

设计意图

冬天到了，冰是孩子们最常见且喜爱的"玩具"。本节活动旨在通过孩子动手动脑实际操作，进一步了解冰的特性，了解冰融化的条件和过程，在探究的过程中学会从多角度解决问题。

活动目标

1. 在动手动脑的过程中，探索多种去冰取物的方法。
2. 尝试运用比较的方法在操作中获取经验。
3. 初步了解冰融化的现象。

活动重点

通过多种方式尝试冰中取物。

活动难点

幼儿能够破冰取到完好无损的物品。

活动准备

1. 物质准备：托盘、每人两块冰（冰里冻有一个小戒指或小贴画）、毛巾、杯子、温水、棉布、小锤子、螺丝刀、积木等工具。
2. 经验准备：幼儿有过冻冰花的经验，有多次感受冰、与冰做游戏的经验。

活动过程

1. 出示冰块引入活动。

教师：小朋友们，今天咱们来玩一个特别有意思的游戏——冰中取物。

2. 激发兴趣，引发猜想。

教师：你们看！老师这儿有很多冰块，里面有什么？怎样才能把这些漂亮的小戒指、小贴画从冰里面取出来呢?

幼儿1:我可以把冰摔在地上,冰就会碎,我就能把贴画取出来了。幼儿2:我可以用锤子把冰锤开,我在家看爷爷这样砸过核桃。幼儿3:我想用咱们班的积木把冰砸开。

3. 在操作中,通过动手动脑验证自己的猜想,不断想方法解决问题。

教师:孩子们,你们刚才说了很多方法,接下来,你们就去旁边试一试,每个人选一个冰块,这里有一些你们可能会用到的工具,如果还需要其他的工具,可以去班里面找。一会儿请你来分享你的好方法。

幼儿开始操作,教师巡回指导,提醒幼儿使用热水以及操作工具时注意安全,如果水洒了,提醒幼儿及时地用抹布清理干净。(教师提示幼儿保持桌面的整洁,小冰块跑到外面要把它捡到盒子里)

4. 集体分享结果。

教师:孩子们,请轻轻地回到座位上,谁来分享一下,你刚才用了什么方法?有什么发现?

幼儿1:我用的是锤子,冰很快就凿开了,就是里面的小礼物有点儿坏了。幼儿2:我是用积木砸开的冰块,然后把礼物取出来了。幼儿3:我不是用砸的,我把冰扔进了装满水的盆子里,冰慢慢化了,礼物自己就出来了。

教师小结:有用锤子把冰凿碎的,有用积木砸开的,还有用水把冰化开的。

5. 再次游戏,尝试换一种工具将小戒指完整地取出来。

教师:请你再去试一试,看看用什么方法可以让小戒指完整地保留下来。

6. 尝试后集体分享。

教师:这一次尝试你发现了什么?和第一次操作有什么不一样?

幼儿1:我这次用水融化冰,虽然小戒指完整地留下来了,但是有点儿慢。幼儿2:我是先用锤子轻轻地把外边的冰凿开,等剩一小块冰时再放进水里,这样又快又完整地取出小戒指。幼儿3:我这次用了3种方法,先用锤子,然后用改锥,最后用毛巾把冰包住揉一揉,冰就化开了。

7. 结束部分:集体收拾材料,活动自然结束。

📝 活动反思

本次活动的目标和内容是孩子们感兴趣的,所以孩子们乐于参与。活动前,教师将孩子们喜欢的小礼物冻于冰块之中,吸引并激发了孩子们自主探究的欲望和动手脑动口的积极性。通过亲身体验、实际操作以及教师关键的提问,幼儿获得冰中取物的经验。在猜测、尝试、验证、分享、再尝试、再获得、再分享的活动过程中，幼儿是游戏的主导者，有目的地按照自己的想法进行大胆、主动的尝试与探究，教师则是观察者、支持者、合作者，支持幼儿获得并提升经验，在劳动中提升发现问题、解决问题的能力。

（鲁钰）

案例二： 装豆子

实施途径

集体活动

设计意图

在主题活动"小豆苗"的开展过程中，教师、家长为幼儿带来了大量的豆子，近一个月的时间，豆子越来越多，都堆放在班级的一角。一天，小朋友们在泡发绿豆时，发现绿豆中生出了黑色的小虫子。于是班中便生成了"豆子怎么保存不生虫"的探究活动。孩子们在猜测、调查后，一同决定用瓶子将豆子密封，放在阴凉处储存。于是，教师设计"装豆子"的集体活动，引发幼儿探究将黄豆装进矿泉水瓶、粗口径饮料瓶内的方法。

活动目标

1. 根据瓶口大小，尝试用多种方法将豆子装进瓶子。
2. 探究利用工具把豆子快速装进瓶子里的方法。
3. 在装豆子的活动中，体验动手劳动解决问题的乐趣。

活动重点

不断尝试，将豆子装进密封瓶中。

活动难点

利用合适的工具装豆子，装得快、掉得少。

活动准备

1. 物质准备：粗口瓶（茶 π 饮料瓶）、细口瓶（农夫山泉水瓶）、酸奶盒、纸杯、纸盘、筷子、彩纸、黄豆等。
2. 经验准备：有过借助工具装材料的经验。

活动过程

1. 利用问题激发幼儿参与装豆活动的兴趣。

教师：前几天，小朋友们发现绿豆里生了小黑虫，决定要将班中其他豆子赶快保存起来，谁来说说我们都收集了哪些保存豆子的方法？

幼儿1：装在瓶子里。幼儿2：不能放太热的地方，得放阴凉的地方。

教师：好！今天我们就来试试把黄豆密封保存起来，让它不会被小虫蛀掉变成坏豆。

2. 探索把豆子装进粗口瓶的方法。

（1）明确装豆要求。

教师：桌上每个操作盒里都有一袋豆子和一个瓶子，请你尝试在2分钟内把小豆子都装进去，注意可以利用桌上（教师拿起辅材盒子进行介绍）或者班里的任何工具来帮助你，如果有豆子掉下来也要赶紧捡起来装进去哦。当倒计时的铃声响起，请小朋友们回到座位，咱们一起分享下你的好方法。

（2）幼儿自主尝试装豆子。

多数幼儿将瓶子装进酸奶盒里或将瓶子直接放在桌子上，用手向瓶子内装豆子；少部分幼儿利用酸奶杯、纸盘（对折）盛豆子，再将豆子放进瓶子内，或将酸奶盒斜立起来，用宽宽的瓶口装豆子。

（3）交流、讨论装豆子的方法。

教师：时间到，我们看看谁装的豆子多一些？谁愿意来介绍一下自己装得又快、又稳的方法？

幼儿1：我把瓶子放在酸奶盒里装豆子，装了这么多（半瓶），一颗都没撒哦！幼儿2：我的方法是用瓶口"铲着"装豆子，很快（多半瓶）！幼儿3：我直接用手装的，还得一直捡豆子，装的不多。

（4）引发幼儿思考利用工具装豆与徒手装豆的区别，教师提炼。

教师：我们再来试一次好不好？可以用一用小朋友们提到的好方法，也可以自己想个新办法。出于公平，我们把刚才装的豆子倒回袋子里。想选择工具的小朋友可以找一找了，装豆子开始！

幼儿1：我这次把瓶子放在盒子里装，还用了美工区的纸杯，装得很快，也没撒。幼儿2：我用了酸奶杯装豆子，装了很多（将近一瓶）。幼儿3：这次我用了酸奶杯装豆子，比上次快了很多！

教师：这一次你们比刚才快多了，掉的豆子也少了，顺利完成了装豆子的任务。看来借助工具，又方便又节省时间。

3. 探索把豆子装进细口瓶的方法。

（1）观察细口瓶，明确要求。

教师：接下来，难度升级了。看，这个瓶子跟刚才的有什么不一样？这种瓶子长得更高，能装下更多的豆子，但是瓶口却小多了，我们一般称它为"细口瓶"。请你把豆子装进这种细口瓶。这次我们要把瓶子装满，完成的小朋友举起手说"完成"，比比谁的方法能快速将细口瓶装满。

（2）幼儿尝试装豆子。

（3）交流、讨论，教师提升经验。

教师：瓶口更细了，你用到的方法有没有调整？和之前有什么不一样？

幼儿1：我把纸盘折起来（边操作边说），有个小尖尖在瓶口，再往里装豆子。幼儿2：我这次用了美工区的颜料瓶。幼儿3：我在科学区找了漏斗，然后把整盒豆子倒进去装。我感觉这个漏斗很方便，扶着就能装很多豆子。

教师：为什么用漏斗比用颜料瓶装得更快？漏斗是什么形状的？

幼儿：上面大大的，有个尖能插在瓶子里。

教师：对，漏斗上面宽大，底下收拢，能插在细口瓶里，是帮助我们快速盛装粮食、液体的好工具。那为什么利用纸盘装豆子速度也很快？

幼儿1：因为他的纸盘也能窝出一个小尖尖，能把豆子都送进瓶子里。幼儿2：他还用到了酸奶杯帮忙盛豆子，一次能装很多。

教师：是的，这个小尖探进瓶口，不容易漏豆。还配合使用工具，能提高效率。

4. 提升幼儿在本次装豆活动中的经验。

教师：小朋友们今天都进行了储存豆子的劳动，还挑战了又快又稳地往瓶子里面装豆子，小朋友们都认真思考，想出了好方法，为你们点赞！接下来，我们就可以继续利用这些方法把我们班其他的豆子也密封起来，然后寻找阴凉的位置储存，看看我们想出的储存豆子的方法是不是真的有效。

📝 活动反思

本节活动由班级的生活活动引发，活动后形成的装豆经验又能帮助幼儿继续深入探究"豆子怎么不生虫"，在幼儿的劳动经验上起到了承上启下的作用。

在活动中，教师利用宽细两种口径的瓶子、速度比赛等帮助幼儿在操作中逐步积累劳动经验，如利用工具盛豆子更方便、能探进瓶口的工具不容易撒豆子、工具组合使用能提高效率等。幼儿通过亲身实践、自主探究、同伴学习、经验共享积累了关于"如何装豆"的劳动经验，积累了合理利用劳动工具能提升劳动效率的认知。

（刘运超）

案例三： 搬箱子

实施途径

小组活动

设计意图

在中秋节后，孩子们收集了大大小小的纸箱、纸盒。经过讨论，他们想把稍大一些的纸箱搬到操场做游戏使用。但班里面的纸箱非常多，孩子们讨论着搬运方法，产生了自发的劳动行为。

活动目标

1. 通过比较箱子的大小、高矮等，探索出搬运多个箱子的方法。
2. 能在劳动的过程中动手动脑，并完整表述自己的操作方法。
3. 在搬箱子的劳动过程中获得劳动方法，喜欢劳动。

活动重点

探索、寻找搬运多个箱子的方法。

活动难点

发现箱子打开后，可以按照大小套在一起。

活动准备

1. 物质准备：大小不一的纸箱 30 个。
2. 经验准备：幼儿有装盒子的经验，有过比较不同物体高矮、大小的经验。

活动过程

1. 情景引入，激发幼儿对于搬运纸箱的兴趣。

教师：一会儿户外活动，咱们要和箱子玩游戏，但是这些箱子现在还在咱们班里，这么多箱子，咱们怎么搬运下去？

2. 通过观察，思考、归纳搬运纸箱的方法。

教师：咱们一起来看一看这些箱子，有什么相同和不同？

教师总结：你们观察得真仔细，发现了箱子的大小、宽窄等不同。接下来我们要搬运箱子了，你想怎么搬运？请你们按照自己的想法去探索一下。一会儿回到座位上时，请你完整地说出你用的什么方法，一次搬了几个。

3. 幼儿自主探索搬箱子的方法，教师了解幼儿的做法并支持幼儿获得经验。

（1）幼儿自主探索搬箱子，教师识别幼儿的方法。

（2）第一次探索搬运纸箱的方法后，教师提炼。

教师：孩子们，谁来分享一下你刚才用了什么方法？一次搬起来几个箱子？

教师：刚才，我们用了把小箱子摞在大箱子上、一手拎着一个、夹着箱子等方法，可是我们要去楼下肯定要一次都运下去，这么多箱子，怎么能搬得更多？

（3）第二次探索搬运纸箱的方法，教师提炼。

教师提炼：孩子们，谁来完整分享一下，你刚才用了什么方法？一次搬起来多少箱子？

幼儿：比较了箱子的大小，有选择地拿可以拿得更多；从大到小排列摞高了，一次能拿四五个，但很容易掉下来，需要他人帮忙抬着走……

教师：你们很棒，一直在专注地探索，老师为你们点赞。不过，你们看，即便是这样，还是剩下那么多箱子，咱们怎么才能一次就把这么多箱子都搬下去？请你们再来试一试，一会儿我们集体分享。

（4）第三次探索搬运纸箱的方法，教师观察并支持幼儿的想法。

教师：谁来说一说，你用了什么方法尝试一次搬运多个箱子？

幼儿1：我和××把10个箱子按顺序摆好后，就像套娃一样套在了一起。幼儿2：我是在中等的箱子里装进了小箱子，然后又装到了大箱子里面。

4. 提炼小结幼儿关于搬箱子的经验并回归生活。

教师：今天，我们从一个人拿3个箱子到把箱子摞在一起，再到把小箱子放进大箱子里，探索出了这么多种搬箱子的方法。在探索的过程中，小朋友们特别认真、专注，有的小朋友失败了好几次都没有放弃。你们再看看，这些箱子放在地上和原来比，有什么变化？嗯，这样收拾后占的地方就小了。咱们在生活中，可以去看看还有什么也可以用到这个方法。今天，你们通过自己的劳动获得了好方法，我们一起把箱子搬运下去玩吧！

📝 活动反思

本节活动巧妙地利用生活中的资源，将幼儿的一个"想去户外玩箱子"的想法赋予教育的智慧与意义。教师对材料教育价值的分析也支持了幼儿在观察、三次递进式地探索中不断迁移已有经验，鼓励幼儿通过动手动脑获得好的方法。在劳动过程中的思考、操作体验以及教师不断地观察、提炼对于劳动结果尤为重要，也激发了幼儿爱劳动、会劳动的情感和能力提升。

（高立）

案例四： 自制竹筏

实施途径

集体活动

设计意图

一天，孩子们在班中折好纸船，拿到户外的小池塘里面玩，小纸船可以稳稳地漂在水面上。东东从河边找到几块小石头放在小船上，边放边说："我这是运输船。"其他孩子看完以后也纷纷加入游戏中。但随后出现的翻船、沉船现象一下子引发了幼儿的讨论。萌萌说："纸船太轻了，所以会翻船。"多多说："我们可以做一个竹筏，之前爸爸妈妈带我一起玩的时候，我们都在竹筏上面，都没有沉下去。"于是根据幼儿的兴趣，生成了集体活动"自制竹筏"。

活动目标

1. 在动手动脑中，主动探究各种材料的连接方法。
2. 能用连贯清楚的语言表达、交流制作的过程和结果。
3. 感受自己劳动后取得成功的快乐。

活动重点

主动寻找材料，探究竹筏的连接方法。

活动难点

能利用不同的材料制作竹筏。

活动准备

1. 物质准备：粗细不同的吸管、胶条、皮筋、扭扭棒、软铁丝、筷子、木棍、小木块、装有水的水盆、橡皮泥、班级幼儿自己准备的材料。
2. 经验准备：幼儿提前制订制作计划，准备好自己需要的材料。

活动过程

1. 谈话导入，引发幼儿游戏的兴趣。

教师：最近小朋友在玩纸船运货物的时候发现纸船翻了，大家都想做个竹筏。你们做了计划，也找来了需要的材料，请说一说你们想用什么材料、什么方法来做竹筏呢？

幼儿1：我想把小木棍一根一根排好，然后用扭扭棒把他们绑在一起。幼儿2：我想用吸管，用胶带把它们粘在一起。幼儿3：我找到的材料是冰棍棒，我想用绳子把它们绑起来。

2. 幼儿初次按计划选择材料制作竹筏。

幼儿操作，教师关注幼儿的操作行为。

教师：请小朋友轻轻地回到座位，咱们一起来说说，你用了什么方法？有什么发现？

幼儿表达自己的发现。

教师提炼：刚才小朋友用了很多的方法制作竹筏，用胶带粘在一起比较容易。但是用木棍和扭扭棒的小朋友有的成功，有的没有成功，一会儿我们来看看成功的小朋友是怎么做的。一会儿没成功的小朋友可以再试试，成功的小朋友可以在我们的小河里试试，看看又有什么发现。

3. 幼儿进行第二次操作，教师继续观察没成功的小朋友如何调整。

教师：刚才你觉得橡皮泥不太合适，现在你想用什么材料再试试呢？

幼儿：我这次要用橡皮筋把两个吸管放在一起。

教师提炼：请小朋友回到座位上，我们来说说这次你的竹筏制作成功了吗？你又有什么新的发现？

4. 提炼小结幼儿连接竹筏的方法，调整后到户外的小池塘继续尝试。

教师：今天小朋友们自己动手制作竹筏，有的小朋友用木棍，两个两个连在一起形成一个竹筏。还有的小朋友用吸管，用胶带把它们整体粘在一起，但是没有两个两个连接在一起牢固。还有的小朋友成功以后，在竹筏上面放了小木块来试试竹筏还能不能漂在水面上，发现木块不能摞在一起，要分开放。还有的发现吸管两边有洞，水容易进去，需要用橡皮泥堵住，这些都是你们在动手操作的过程中发现的，老师为你们今天积极动脑的行为点一个大大的赞。一会儿我们去外面的小池塘再试试，看看会有什么新发现。

活动反思

本次活动来源于幼儿的区域游戏，当看到纸船沉没后，幼儿结合生活经验想要制作竹筏。教师充分肯定幼儿的想法，支持幼儿将想法变成现实。在制作过程中，幼儿通过自己的劳动完成了竹筏的设计和制作。当他们在户外小池塘实验成功之后，我们可能真的会制作一个幼儿也能坐在上面的竹筏，让他们更加深刻地感受到通过自己的劳动完成一件事的快乐。

（武子威）

三、大班

案例一：巧取核桃仁

实施途径

集体活动

设计意图

秋天是个丰收的季节，在班级自然角中，孩子们从家里带来了各种秋收果实，其中一盘核桃引发了孩子们的兴趣，大家都想品尝里面的核桃仁，于是讨论怎样把核桃打开。教师追随幼儿的兴趣开展了如何打开核桃的谈话活动。通过谈话，孩子们想到借助工具来取核桃仁。由此设计本次活动，希望借助孩子们的生活经验，巧妙利用生活中常见的工具让孩子们自己动手尝试操作，从中获得劳动成果，在操作中感知工具给人们生活带来的便利。

活动目标

1. 主动探索取到较完整核桃仁的不同方法，并在实践中思考、解决遇到的问题。
2. 能够较为熟练地使用不同的工具，在使用过程中有保护自己的意识。
3. 在取核桃仁的劳动过程中获得使用工具的方法，感受劳动的意义。

活动重点

幼儿能正确使用工具并成功取出核桃仁。

活动难点

取出较完整的核桃仁。

活动准备

1. 物质准备：核桃、小纸盘、积木、小锤子、石头、核桃夹子、钳子等不同工具、大张统计表。

2. 经验准备：幼儿有使用不同工具的经验，与幼儿共同讨论过打开核桃的方法。

活动过程

1. 出示与幼儿讨论过的打开核桃的方法的统计表。

教师：之前我们一起讨论过打开核桃的方法，谁来介绍一下你今天准备用什么工具来取核桃仁呢？

幼儿 1：我计划用锤子砸核桃。幼儿 2：我准备用石头砸核桃。幼儿 3：我想用钳子试一试。幼儿 4：我见过妈妈有一个核桃夹，我计划用那个试一试。

教师：今天我们就来试一试这些工具到底能不能成功取到核桃仁。

2. 幼儿根据计划探索用不同的工具打开核桃。

教师：你想用什么工具来打开核桃？还可以用什么？请你们操作后把自己的发现记录在自己的记录单上，回到座位上，我们一起来分享一下你的成果和发现。

3. 交流分享自己的探索结果和成功经验。

教师：谁来分享一下，你选择了什么工具？成功了吗？你遇到了什么问题？是怎样解决的？

幼儿：我选择了用石头砸核桃，成功了，但是核桃仁有点碎。然后我又试着轻点砸，但是砸的不是很好。

教师：谁和他一样用的石头？你是怎么做的呢？

幼儿：我是用石头砸核桃这个有点尖的部分，我发现砸这个地方就很容易开。

4. 出示统计表，共同梳理记录幼儿的探索结果，选出可以打开核桃的方法。

教师：刚刚小朋友们试了很多方法，有哪些可以成功打开核桃？我们一起记录一下。

5. 幼儿第二次探索取完整核桃仁的方法，互相分享，教师提炼。

教师：刚刚我们试了很多方法都可以取到核桃仁，但是老师发现有些核桃仁都碎了，这是怎么回事？怎样做才能不碎呢？这一次请小朋友试着取到完整的核桃仁。

6. 小结幼儿取核桃仁的经验。

教师：你用了什么方法？是怎样取到完整的核桃仁的？你觉得哪种方法更快更好？

教师：今天小朋友们都特别棒，尝试用我们收集上来的这些工具取核桃仁，也在不断尝试中探索出最适合取核桃仁的工具。在这个过程中，你们能主动与同伴交流分享自己的发现并用自己的方式进行记录，特别专注。可是小朋友回头看一下我们的桌子上、盒子里，甚至地上还有一些核桃壳，这些核桃壳我们怎么用？地上的核桃皮怎么收拾呢？

幼儿1：我们可以利用核桃壳在美工区制作作品。幼儿2：可以找老师拿打扫工具进行清扫。

教师：你们的想法特别好，生活中还有很多便于我们劳动的工具。今天你们通过自己的劳动取出了核桃仁，回到家以后可以与家人分享品尝，感受自己劳动成果的美味。一会儿我们就按照你们的想法一起进行活动后的整理收纳。

活动反思

《指南》中提出，幼儿应当能使用简单的劳动工具或用具。教师捕捉到幼儿取核桃仁的想法，通过谈话发现幼儿对一些日常工具产生了好奇，有探究兴趣。

教师借助于常见的生活工具让幼儿参与探究活动，并引导幼儿尝试探索多种工具的使用方法，让孩子们亲身体验工具的便利。虽然在劳动过程中会遇到很多困难，但孩子们没有放弃，积极探索各种工具，从中获得成功，并用自己的方式进行记录，充分感受和体验到劳动带来的愉悦感和成就感。

幼儿在劳动中学习、思考、感知和行动，用双手去探究生活中的工具，获得最直接、最真实的经验；在真实体验中习得劳动技能，获得自信。在该活动中，幼儿对这些常见工具特别感兴趣，充满了好奇心和求知欲。在互相分享的过程中，幼儿也对核桃夹有了新的认识，开阔了视野，增加了见识。活动中，幼儿的思维得到了锻炼，语言表达能力逐步提升。

（赵媛英）

案例二： 巧取山楂核

实施途径

集体活动

设计意图

幼儿园的山楂熟了，幼儿采摘了园中的山楂。在品尝山楂的过程中，幼儿产生了制作山楂罐头的想法，但是如何剔除山楂核的问题引发了幼儿的思考。通过寻找各种适宜的材料，幼儿进行操作和验证，发现工具的用处，并从中获得劳动经验，养成爱动手的好习惯和劳动品质。

📋 活动目标

1. 尝试用不同的工具剔除山楂核，在剔除的过程中注意安全，体验成功的乐趣。

2. 能尝试做记录，并使用恰当的语言与同伴交流、描述探究的过程。

3. 在操作中能大胆探究，在劳动过程中获得方法，喜欢劳动。

📋 活动重点

尝试用不同的工具剔除山楂核。

📋 活动难点

探究不破坏果肉和形状取出山楂核的方法。

📋 活动准备

1. 物质准备：清洗晾干的山楂若干、记录纸、笔、案板若干、电磁炉、冰糖、各种工具（安全刀、筷子、勺子、吸管等）。

2. 经验准备：有过摘山楂、穿糖葫芦的经验；在生活中见过并使用过其中的一些工具；有简单的记录经验。

📋 活动过程

1. 出示山楂罐头，激发幼儿制作山楂罐头的欲望。

（1）出示山楂罐头，幼儿观察。

教师：我们之前制作了泡菜，大家知道了冬天腌制食物的方法，有的小朋友说想制作山楂罐头，你们看老师手里的是什么？

教师：这是小朋友清洗过的山楂，罐头里的山楂和老师手中的有什么不同吗？

幼儿：罐头里的山楂没有核，摘下来的山楂里面有核。

（2）请幼儿说一说哪些工具可以剔除山楂核。

教师：小朋友带来了你们觉得可行的去核工具，谁来说说你们有什么好办法可以去核呢？

教师：大家都很聪明。老师把你们带来的工具放在了各个桌子上，一会儿你们可以试一试，看看能不能帮助你们解决这个难题。

2. 猜想与尝试。

（1）请幼儿分享之前的猜想。

教师：小朋友手上拿着之前做好的"去核工具大猜想"的记录表，谁来分享一下你最想使用哪些工具？你觉得哪个工具能成功呢？第三行的前面有一只手，它的意思是请小朋友动手试一试。尝试后请把结果用自己的符号记录在这里。使用工具的时候一定要注意安全。音乐结束后把桌面收拾干净，然后拿着记录纸回到座位。

（2）实验与验证。

幼儿自由使用各种工具实验，并记录结果。教师注意引导幼儿完成实验后进行记录，并提醒幼儿注意安全。

幼儿间交流实验结果，引导幼儿注意到使用同一工具有不同的结果，思考如何能取出完整的果核，不把山楂弄坏。

3. 统计与发现。

（1）统计与排除。

经过小组统计与集中统计，确定能成功的工具，排除不能成功的工具，找出有分歧的工具。

教师：老师还为你们准备了一张记录表，每人选择一种工具，将自己认为最好的方法画在表格中，然后把用这种工具和方法成功取核的个数记录在下面，每去一个核就在你选择的方法和工具下面画一个小山楂，最后将总数写在下面。

（2）交流新发现。

①交流工具的恰当使用方法。

教师：我们一起来看看哪种方法取出完整果肉的个数最多，请大家说一说哪种工具怎样使用容易成功？

幼儿1：我发现用勺子长柄的那一端插入山楂底部旋转一圈，山楂核就被拽出来了。幼儿2：用筷子捅山楂核的时候不能太用力，不然容易把山楂弄碎了。

②交流取出果核的小技巧。

幼儿1：用粗一点的吸管比较节省力气，中间的洞比较大。幼儿2：用的力气不能太大，不然会把山楂弄碎，挖的时候要注意力度。

4. 小结。

请幼儿清洗取过果核的山楂并装入密封罐中。

活动反思

本节活动中，幼儿尝试用不同的工具剔除山楂核，探索取出果核的小技巧以及不破坏果肉和形状取出山楂核的方法。小朋友们在巧取山楂核和后续制作山楂罐头的过程中开启了一场寓教于乐的旅程，不仅体验了劳动的收获与快乐，提高了动手能力、合作意识，积累了生活经验，而且养成了敢于探究和尝试的品质。

（沙飞）

案例三： 桌面迷宫

实施途径

主题教育活动

设计意图

孩子们对线路迷宫非常感兴趣，于是收集了单、双线条不一样的迷宫。通过观察、比较、分析，孩子们总结出迷宫有简单的、较难的、不同关卡的和不同线路的特点。孩子们在讨论的过程中产生了自己制作迷宫的想法。教师根据幼儿的兴趣和年龄特点设计了此活动。

活动目标

1. 根据自己设计的迷宫图纸制作桌面迷宫，用语言清楚地表达想法。
2. 通过操作、协商、交流、调整等探索制作桌面迷宫的方法。
3. 体验小组劳动的快乐。

活动重点

根据自己设计的迷宫图纸制作桌面迷宫，并能用语言清楚地表达出来。

活动难点

通过操作、协商、交流、调整等探索制作桌面迷宫的方法。

活动准备

1. 物质准备：制作迷宫的图纸、纸、笔、幼儿按小组收集的制作桌面迷宫的材料。
2. 经验准备：已经了解过迷宫的特点、结构。

活动过程

1. 话题引入，引发幼儿的交流讨论。

教师：一会儿我们就要按照小组的计划制作迷宫了，你们想怎么制作呢？

2. 第一次探索制作迷宫的方法，教师观察并进行提炼。

幼儿分成了五组，有两组选择了多米诺，有一组选择用吸管，有一组选择用废旧的水彩笔，还有一组选择了扭扭棒。有的小朋友先摆线路，有的小朋友在画不同的标志作为出口、入口。

教师：你们是怎样设计的？你的迷宫里有什么？

幼儿1：我们的迷宫是用多米诺拼的，迷宫里有起点、终点和十字路口。

教师：你的迷宫已经设计出了一部分，有起点、终点和路线。幼儿2：我们的迷宫是用吸管做了一个爱心形，因为吸管长，所以我们做得很快。我们先用笔把路线画在板子上，然后按照线来摆就可以了。但是我们改了好几次线路也没弄好。幼儿3：我们是先定好入口和出口，从中间的位置开始，先拼出分岔路，最后一人拼一边就连起来了。

教师：小朋友们设计了不同的迷宫造型，也互相了解了其他组的制作过程，我们再去试一试。

3. 第二次探索能够快速制作迷宫的方法，教师观察幼儿的做法并给予支持。

教师：谁来说一说你们是怎么做的？有什么发现？

幼儿1：我们组先确定了入口和出口，然后每个人选择一个地方开始摆，再汇合到一起，就是发现有的地方连接不上。于是我们就先把入口和出口用线路连接上，再一点一点地改线路。幼儿2：我们组设计了"小勇士大闯关"，我来摆路线，××设计宝石和地雷，这样比较好玩。幼儿3：我们组设计了一个爱心形状的迷宫，我们是边摆边改，只有我一个人操作，×××帮我递材料，×××画了一张图纸，告诉我怎么摆。我们三个一起制作的过程特别顺利。

4. 提炼小结幼儿制作迷宫的经验并激发幼儿新的探索兴趣。

教师：今天，你们在制作迷宫的过程中特别认真、专注，积极主动交流自己的想法，有的小朋友调整了好几次都没有放弃，坚持完成计划。接下来，小朋友们可以继续在益智区完善我们的迷宫，也可以到户外去体验迷宫游戏。今天我们通过小组劳动的方式制作出了迷宫，感受到了小组的力量，给自己和同伴鼓鼓掌吧！

活动反思

本节活动利用生活资源开展集体活动。教师结合大班幼儿的年龄特点及学习方式，支持小组有计划、有目的、有层次地操作。幼儿在同伴间的互相学习、交流分享、协商调整中，尝试制作迷宫，在合作中思考解决问题的办法。活动激发了幼儿对于集体劳动成果的渴望，愿意持续劳动。

（杨小平）

案例四：皮影人物的连接与制作

实施途径

主题教育活动

设计意图

在"有趣的影子"主题活动中，幼儿对身边的影子特别感兴趣，了解了影子形成的条件。在和影子做游戏时对皮影的制作、表演等产生了浓厚的兴趣。经过讨论，幼儿确定表演皮影戏《西游记之三打白骨精》，但在表演时发现皮影人物被扭扭棒拧得太紧，导致操纵时不灵活。大班幼儿对事物的接受能力非常强，能够通过自己的劳动，使用多种材料探索皮影人物身体各部位的连接方式。同时，大班幼儿具有合作学习的特点，此次活动可以引导幼儿和同伴合作发现问题、解决问题。

活动目标

1. 体验与同伴共同游戏、分工合作的乐趣。
2. 能够自主选择材料连接皮影人物的身体各个部位。
3. 通过劳动，找到适合连接皮影人物身体各部位的方式。

活动重点

能够自主选择材料连接皮影人物的身体各个部位。

活动难点

探究使皮影人物身体各部位能够灵活活动的连接方式。

活动准备

1. 物质准备：两脚钉、牙签、黏土、子母扣、扭扭棒、线、螺丝、螺母若干；两套已经剪好的、打完孔的《三打白骨精》皮影人物、曲别针、带孔的小棍、密封袋若干。

2. 经验准备：在美工区简单制作过皮影，并在交往区表演过皮影戏。

活动过程

1. 以在交往区游戏过程中发现的问题引出话题。

教师：最近小朋友都在准备表演皮影戏《三打白骨精》，美工组的小朋友已经制作完成了唐僧、白骨精、小姑娘的皮影。你们昨天试演的时候发现了一个小问题，唐僧的一条腿动不了了（扭扭棒连接），是什么原因呢？有什么好方法可以让唐僧的腿连接得既牢固又灵活？

2. 幼儿制作之前，教师提出操作要求。

教师：小朋友前两天画了《三打白骨精》的皮影人物，美工区的小朋友已经把它们剪下来、打完孔了。老师为大家准备了一些连接材料，现在请两个小朋友为一组，轻轻站到小桌子边，找到一个皮影人物进行连接，试一试、找一找既牢固又灵活的连接方式。在制作完之后可以去交往区试一试，看哪些连接方式比较灵活。

3. 幼儿分组连接皮影人物的身体各部位，教师进行个别指导。

教师：连接完的小朋友去交往区操作试试，看看用哪种材料连接能让皮影人物更灵活。

幼儿做法：有的幼儿用暗扣进行连接；有的用牙签黏土来连接；有的幼儿先剪一小段牙签，把牙签插到孔里，再把黏土球粘到牙签的两端；还有的用两脚钉连接……

4. 分享自己的发现，找到既牢固灵活又美观的连接方式。

教师：你使用了哪些材料来连接皮影人物？在连接的时候遇到了什么问题？是怎样解决的？哪些连接方式既牢固灵活又美观？

5. 教师提炼连接方法，并回归游戏。

教师：刚才小朋友们尝试了多种方法来连接皮影人物，其中发现两脚钉、子母扣连接的速度比较快，也比较牢固、灵活、美观；用线、扭扭棒连接的速度慢一些，而且不能系得太紧或太松。小朋友们找到了几种既牢固又灵活的连接方式，稍后可以修改一下，再去交往区试一试表演效果，如果效果好就可以正式表演皮影戏《三打白骨精》了。

活动自然结束，幼儿盥洗，准备户外活动。

活动反思

本节活动是教师抓住主题活动中制作皮影人物的过程中产生的问题来生成的。在活动过程中，教师通过开放性的提问，引发幼儿的探究兴趣，激发幼儿在操作过程中主动思考连接皮影人物的好方法。

通过一位小朋友在幕后表演、一位小朋友在幕前观看的方式，幼儿发现自己的劳动成果出现的问题并再次进行修改，自主劳动的意识得以充分体现，也促使幼儿的劳动技能不断提高。

（赵茜）

第三节　劳动教育与体育融合的教学活动案例

《关于进一步加强学校体育工作的若干意见》中提出，要培养学生的体育爱好、运动兴趣和技能特长，养成体育锻炼的习惯和健康的生活方式。劳动教育与体育融于一日生活中，如让幼儿自己动手整理器械与场地、参与丰富的活动，在锻炼幼儿意志品质的同时，促进幼儿体能发展，使幼儿在劳动中获得快乐的体验，养成热爱劳动的好习惯。

一、小班

案例：运水

实施途径

小组活动

设计意图

最近班级开展关于"水"的主题活动。在一次讨论水的用途的活动中，孩子们提到水可以给幼儿园浇花或者浇树，还可以每天清洗我们的玩具，水的用途特别大！于是孩子们展开行动，有的小朋友为幼儿园浇花浇树，有的小朋友清洗玩具。但是在为幼儿园的植物浇水的过程中，孩子们发现园里的水管有点短，浇不到远处的植物，于是孩子们想到从班里运水来为植物浇水，但是在运水的过程中也出现了许多问题，例如，有些小朋友选择了非常小的运水工具，需要运很多次；有的小朋友在运水的过程中出现了洒水的现象，浪费了很多水。基于此情况，我们开展了"运水"活动，旨在通过本次教学活动，幼儿能够联系实际经验，掌握最佳的运水方法，解决生活中的实际问题，让教育经验真正地应用到生活中去。

活动目标

1. 在运水过程中，探索不同情况下适宜使用的运水工具，并且能够进行完整地分享交流。

2. 探索不同运水工具的使用方法，提高动手操作能力。

3. 在运水的过程中感受水的有用和动手劳动的快乐。

活动重点

能够使用合适的工具运水。

活动难点

在舀水的过程中发现容器的大小和水的多少的关系。

活动准备

1. 物质准备：碗、杯子、盆子若干、桶 12 个、毛巾。

2. 经验准备：幼儿对于运水的方法有了初步的探索。

活动过程

1. 谈话导入，激发幼儿兴趣。

教师：孩子们，之前我们为幼儿园的植物浇了水，植物有了水分，长得特别好。这次，又到了浇水的时候了，你们想不想再给植物浇浇水？

2. 讨论运水方法，梳理经验，为浇水做准备。

教师：这里有两桶水，请你们想一想怎样运水去浇植物？

幼儿大胆表达自己的想法。

教师：刚刚我们想了很多方法，有的小朋友想用一个小的容器运水，有的小朋友想找一个密封的容器运水，还有的小朋友要和自己的好朋友一起，节省时间还能够互相帮助。

3. 教师介绍工具，幼儿自主选择工具运水。

教师：孩子们，桌子上有一些小朋友们刚刚说到的工具，还有的工具这里没有，一会儿你可以去班里寻找。接下来就按照你们的计划运水，运完水后我们分享一下你的发现，看一看用什么样的工具运水最方便。

幼儿选择工具去运水。

教师：我们刚刚进行了第一次运水，有的成功地运了很多水，有的运了很少的水，遇到了困难。谁能用完整的话分享一下？

幼儿 1：老师，我发现大的盛水工具运得多，小的盛水工具运得少。幼儿 2：老师，在运水的过程中，有很多水洒在了地上。

教师梳理：小朋友们发现大容积的工具运的水多，小容积的工具运的水少。我们再去运水，看看谁还能有新的发现。

幼儿再次尝试运水，有的小朋友选择了和刚才一样的运水工具，有的小朋友选择了不一样的工具。

4. 再次运水，尝试把水桶中的水运完。

教师：小朋友们，试一试有什么好方法能够把桶里的水运完？在运水的过程中，小朋友们可以更换运水工具。

教师：孩子们快看，我们大桶里的水都运完了，你们真能干！谁能说一说你刚才都用了哪些运水工具？

幼儿1：刚才水特别多的时候，我用大盆盛水，水很快就越来越少了。幼儿2：水特别少的时候，我发现用大的盆子盛不上来了，于是我用的小碗。幼儿3：最后还剩下一个底的时候，我把桶端起来倒干净的。

5. 教师小结。

教师：通过今天的活动，小朋友们掌握了正确使用工具的方法，水多的时候要用大的工具，少的时候要用小的工具，下次我们需要给植物浇水的时候，就可以用上今天的好方法。但是在我们刚才运水的过程中，地面上还是有小朋友洒落的水滴，既浪费又容易让其他小朋友滑倒，非常危险，所以我们下次运的时候，要想一想怎么才能够在运水的过程中，不让水洒到地上。

活动反思

本次活动基本完成目标。首先，在活动开展前期，我们请小朋友从家中收集到自己认为可以盛水的工具，充分打开幼儿的视野，自主选择想用的工具，因此，活动的材料数量充足，种类丰富，幼儿的体验感大大提高。其次，在活动中，孩子们的兴趣很高，并且积极地参与到活动过程中来，不断尝试使用各种工具，感知不同工具带来的不同体验。本次活动设计了两次提升幼儿经验的尝试，第一次是尝试用哪种工具运水最方便，第二次是尝试怎样选择工具能够将桶里的水运完。孩子们在不断尝试的过程中，通过分享经验、总结提升掌握了好方法。但是在运水的过程中，由于水接得太满，或者走得太着急，接的水会洒落在地上，因此，我们在后期活动延伸的时候会继续与幼儿讨论怎样做才能够不让水洒出去。

（于波）

二、中班

案例：除草小专家

实施途径

小组活动

设计意图

在虞永平教授的《学前课程与幸福童年》一书中，明确阐述了幼儿园的自然资源所蕴含的教育价值，是幼儿园课程的重要资源。同时，自然环境也是幼儿探究行为产生的重要场所。幼儿在日常生活中发现树木旁边生长的杂草影响美观，而且杂草多的地方有很多的蚊虫。于是孩子们展开了调查，通过调查了解到杂草会争抢树木的生长资源，吸收土壤中的营养及水分，进而产生了除草的劳动意愿。教师关注幼儿的想法与愿望，结合幼儿园开展劳动教育的必要性，设计了此次活动。

活动目标

1. 愿意参与除草活动，体验劳动的快乐，同时感受除草工人工作的辛苦。
2. 能够运用完整的语言表述自己除草的过程及发现。
3. 在除草过程中，能够动手动脑，积极探索能够完整、快速除草的方法。

活动重点

在除草过程中，能够动手动脑，积极探索能够完整、快速除草的方法。

活动难点

能够通过探索将草完整地除掉。

活动准备

1. 物质准备：调查表（哪些草是杂草？用什么方法除草？杂草有哪些影响？杂草有什么作用？）、计划中的工具（幼儿自行准备）、酸奶盒（每人一个）。
2. 经验准备：知道哪些植物为杂草，了解杂草丛生对于幼儿园种植的植物的影响，对于杂草的应用有一定了解。

活动过程

1. 户外谈话导入，引出活动内容。

教师：夏天的幼儿园里，植物非常茂盛，那天小朋友们发现植物周围长出了一些杂草。我们对杂草进行了调查，它对我们的树木和环境有什么影响呢？

幼儿大胆说出调查结果。

教师：今天我们就要尝试除草，你想怎样除草呢？除草要除干净，怎样才算除干净了呢？

幼儿1：要在土里看不见杂草才可以。幼儿2：把植物完整地取出来，包括根。

2. 幼儿操作体验，探索除草方法。

（1）第一次除草。

教师：现在每个小朋友都按照自己的计划准备了工具，要尝试去除草。我们喷上了花露水，在除草的过程中也请你注意安全。看看哪个小朋友能够找到将杂草完整除掉的好方法。

（2）分享交流，梳理经验。

教师：谁想来说一说，在除草过程中有什么发现或者有什么问题？怎样才能将一株草完整地除掉？要怎样使用工具呢？

请2～3名取出完整杂草的小朋友分享自己的方法及发现。

教师提炼总结：需要把土变得松软；拔草的时候从根部拔；可以分部分除草等。

（3）第二次除草。

教师：幼儿园的草太多了，我们在除干净的同时也要加快速度啦！刚才小朋友们分享了好几种完整除草的方法，接下来我们再去试一试，看谁能够在完整除草的同时，在同一时间内除更多的草。要注意草根上的土还要留在土地里，怎样做才能将杂草上的土全部留在土地上呢？

（4）教师梳理活动过程中的发现，并联系生活提升幼儿经验。

请2～3名幼儿完整表述自己的操作过程及发现。

教师：这一次你用了什么方法呢？为什么在同样的时间里，我们除了更多的草呢？

幼儿1：我发现两个人合作除草更快，一个人铲，一个人拔。幼儿2：可以先多松一些土，然后再一起拔出来。幼儿3：我们在除完草后，可以把它的根在地上敲一敲，就可以把土都留在地里了。

教师：我们除掉了这么多杂草，把更多的营养和水分留给了花和树。如果你家里的植物旁边也长了杂草，你就可以用我们找到的好方法去除草，让植物生长得更好！那我们除掉的杂草可以用来做什么呢？（书签、干草装饰、食用、药用……）

3. 收拾整理材料，自然结束活动。

活动反思

在日常观察中，幼儿发现树木的周围长了许多杂草，我们顺应幼儿的兴趣开展了一次除草活动。幼儿进行前期的调查，了解杂草对树木的影响，感受除草的必要性，然后进行除草方法及工具的计划，幼儿根据自己的计划准备了不同的工具。

在活动中，教师通过谈话直接引入，与孩子们共同确定除草的必要性，并进行简单的讨论，激发幼儿的兴趣。在第一次除草的过程中，幼儿积极探索除草的方法。在第二次除草的过程中，幼儿继续探究如何将草完整快速地除掉。在第二次分享中，孩子们总结了除草的方法，并通过讨论得知不同的草生长情况不同，除草方法也不同，要不断去尝试才能找到好方法。幼儿在生活中发现杂草，产生劳动意愿，实际参与劳动，在劳动中探索方法，体验劳动的快乐，从劳动中获得的经验也将服务于生活。

（刘梦）

三、大班

案例：运输小能手

实施途径

小组活动

设计意图

户外游戏是孩子们非常喜欢的游戏，也是孩子们能够自由发挥创意的游戏。幼儿经常将自己熟悉的器械自由组合，融走、跑、跳、钻、爬为一体。大班幼儿一般都是自己摆放、收拾材料，但在摆放器材的过程中会花费很多时间，游戏的时间自然就减少了。在开展了"小工具，大妙用"的主题活动后，幼儿了解了很多工具的特性、使用方法等，也知道工具能够给人带来便利，所以就生成了这节用工具运输游戏材料的活动。

活动目标

1. 通过反复计划、搬运，找到更加便捷的运输方法。
2. 能够根据小组计划合理使用工具，在操作中感受工具为运输带来的便捷。
3. 在运输器材的过程中相互合作，在游戏中获得成功的体验感。

活动重点

能够根据小组计划合理使用工具，在操作中感受工具为运输带来的便捷。

活动难点

通过反复计划、搬运，找到更加便捷的运输方法。

活动准备

1. 物质准备：平板车、大块布、绳子、圆柱形积木、木板等，提前设计的"户外闯关游戏设计图"。

2. 经验准备：幼儿提前收集的自己认为能够搬运器械的材料，分好两个组，布置好场地。

活动过程

1. 出示图纸，引出活动内容。

教师：昨天小朋友们一起设计了户外闯关游戏图，里面包含了很多不同的器械。今天我们就按照你们的设计图来摆一摆。器械已经在旁边放好了，接下来就需要你们自己完成摆放，有很多比较大型的玩具，我们可以借助工具摆放。

2. 分组协商摆放方法。

教师：有左右两个场地，我们来进行一个小比赛，小朋友们分成两组，看哪组能够快速地按照图纸把器械摆放好。

（1）小组商量运输方法和人员分配。

（2）教师提出安全要求。

教师：刚才两组小朋友都进行了讨论和计划，现在可以按照计划去摆放了，一定要注意安全。

3. 幼儿按计划实施，教师观察幼儿运输情况，关注幼儿安全。

4. 请两个小组分别分享经验。

小组 1：用手抱着跨栏走老是东倒西歪的，用绳子捆上拉着走，不仅方便，而且一次能运很多。

小组 2：我们把重的木板、木墩放在平板车上后，发现上面还可以放东西，就又放了一些别的玩具。

教师总结提升：刚才小朋友们在运输的过程中都找到了一些轻松的方法，如把比较重的器械放到平板车上，比较零散的材料用绳子捆绑上，既轻松又快速地把器械搬到场地中了。在运输过程中，他们还互相合作，有的负责扶着，有的在前面拉，有的在后面推。我还看到有些小朋友把比较零碎的玩具用布包着一起运到场地中间，这些好方法特别实用。

5. 幼儿分组游戏。

教师：小朋友们靠自己的努力把游戏器械摆放好了，那接下来就玩一玩你们的"闯关游戏"吧。小朋友在玩游戏时也要注意你先我后不着急，保护好自己，也保护好他人。

6. 收放玩具。

教师：在摆放玩具的过程中，小朋友们都用工具找到了很多既轻松又方便的运输方法，现在游戏结束了，请用你们的好方法把所有的玩具归位吧。

7. 师幼总结经验。

教师：在这次活动中，我们发现有的时候工具能够给我们的生活带来很多便利，让我们节约很多时间、力气，其实在生活中还有很多有用的工具，请小朋友们在日常生活中找一找吧。

8. 放松身体，自然结束活动。

活动反思

这节活动源于"小工具，大妙用"主题活动，是将劳动教育和体育活动相结合的活动。活动前让幼儿参与活动材料的收集，一方面提升了幼儿的活动积极性，另一方面也充分调动了幼儿的已有经验。整个活动过程符合大班幼儿的年龄特点，幼儿在计划、实施、反思、再实施、总结提升经验的过程中动手动脑，获得劳动技能。教师在活动最后的总结提升将活动"落地"，回归幼儿生活。

（鲍国媛）

第四节　劳动教育与美育融合的教学活动案例

《全面加强和改进新时代学校美育工作实施意见》中指出，促进美育与德育、智育、体育、劳动教育有机融合，充分运用各学科蕴含的美育资源。艺术是幼儿感受美、表现美和创造美的重要形式，结合中华优秀传统节日的艺术活动、日常生活中的艺术内容，让幼儿在操作中获得美的认知与感受，结合自身的思考发展创造力，在劳动中滋养心中美的种子。

一、小班

案例：为祖国妈妈献花

实施途径

小组活动

设计意图

正值国庆节，孩子们都知道国庆节是为祖国妈妈过生日，还和家长一起前往天安门与大花坛拍了合照。那祖国妈妈过生日，我们都送什么礼物呢？

活动目标

1. 在空手练习后，能够逐步较自如地运用油画棒进行平涂。
2. 学习使用油画棒，知道在图案的一定范围内顺着一个方向平涂。
3. 能够在活动中感受给祖国妈妈送礼物的愉快氛围，体验献花的喜悦。

活动重点

能够运用油画棒进行平涂，感受给祖国妈妈送礼物的心情。

活动难点

能够在轮廓里涂色，不涂到轮廓外面。

活动准备

1. 物质准备：油画棒每桌2盒、印有花的纸每人一张、PPT。
2. 经验准备：幼儿知道十月一日是国庆节，刚刚度过国庆节假期。

活动过程

1. 讨论国庆节送给祖国妈妈的礼物。

教师：我们过生日的时候会收到爸爸妈妈的礼物，那我们的祖国妈妈过生日，你们想送什么礼物呢？老师也有礼物送给祖国妈妈，你们看看老师送的是什么？你们想和老师一起为祖国妈妈送漂亮的花吗？

2. 幼儿观察花的涂色方法。

教师：大家看看，这么漂亮的鲜花是怎样变出来的呢？哦，原来是小油画棒帮助小花穿上了漂亮的衣服，所以才会变得这么好看。小油画棒今天想帮助小朋友们给小花穿上漂亮的衣服，让我们送给祖国妈妈的花更好看。但是小油画棒又有些害怕，它们害怕小朋友把保护它的小衣服给脱掉，害怕我们把它给弄折。而且小油画棒只喜欢给小花穿衣服，我们不可以画到自己的身上。小朋友们可以好好保护它们吗？

3. 幼儿尝试进行涂色活动。

（1）教师引导幼儿尝试练习空手平涂。

教师：我们用自己的手做油画棒，涂一涂，要注意顺着一个方向。

幼儿在桌上空手练习平涂。

（2）幼儿尝试用油画棒给花涂色。

教师：我们都会按照一个方向涂色了，那就请小油画棒来帮助你给小花穿衣服吧。

4. 活动小结。

教师：今天小朋友自己创作的花真漂亮，我们的祖国妈妈一定特别喜欢。你想对祖国妈妈说什么？和你的好朋友互相说一说吧！

活动反思

本节活动的开展正好结合了国庆节假期活动，家长带领幼儿前往了天安门看花坛，理解花坛的来历。通过一系列谈话讨论，孩子们也要给祖国妈妈送花，于是自己动手涂色，为祖国献出美丽的花朵，表达自己对祖国的热爱之情。

（吴菲）

二、中班

案例：让气球鼓起来

实施途径

小组活动

设计意图

快要过新年了，孩子们自己制订计划，自己寻找材料，自主开展联欢会。在准备过程中，孩子们从家中带来了很多气球，想要装饰教室环境，但是发现气球怎么也鼓不起来。孩子们对此展开了讨论，怎样让气球鼓起来呢？教师根据幼儿的兴趣和对幼儿已有经验的分析，开展本次的活动。幼儿通过自己的劳动自主思考，找到解决问题的方法，自己尝试吹气球，探索吹气球的方法，感知其中的科学现象。

活动目标

1. 尝试双手配合用工具给气球充气，控制速度和力度，观察气球不断膨胀的现象。

2. 能大胆尝试使用各种工具给气球打气。

3. 在劳动过程中探索让气球鼓起来的方法，并乐在其中。

活动重点

能够运用工具或者其他方法让气球鼓起来。

活动难点

在打气过程中掌握让气球不漏气的方法、技巧。

活动准备

1. 物质准备：气球、电动打气筒、水瓶、手动打气筒、脚踏打气筒、吸管、哨子、喇叭、纸卷、注射器、大打气筒、滋水枪。

2. 经验准备：收集自己想用的工具，玩过或看见过鼓起来的气球。

活动过程

1. 话题导入，激发幼儿想要让气球鼓起来的兴趣。

教师：要过年了，小朋友们想用气球来装饰教室，但是却遇到了气球怎么也鼓不起来的问题，今天你们想不想再试一试呀？

2. 鼓励幼儿思考让气球鼓起来的方法。

教师：咱们有了气球，接下来要做什么呢？

幼儿1：把气放进气球里面。幼儿2：让这个气球变得鼓鼓的。

教师：气怎样才能进入气球里面呢？你想用什么方法让气球鼓起来呢？

幼儿纷纷表达看法。

3. 幼儿分组尝试给气球充气，让气球鼓起来。

（1）教师介绍材料。

教师：你们想用的材料都在桌子上的盒子里（逐个介绍）。请小朋友一会儿轻轻地走到桌前取一个气球，然后用你想尝试的材料或者方法让气球鼓起来，我们来比一比谁做事又轻又稳。

（2）幼儿自选材料进行尝试。

（3）幼儿分享，教师小结。

教师：谁来说说你是用什么工具和方法让气球鼓起来的？你有什么发现？你遇到了什么问题？

教师梳理经验：我们在打气的时候，双手要配合，连续打气等。

4. 第二次尝试用多种材料让气球鼓起来，保证不漏气并进行封口。

教师：刚刚我们用了滋水枪、打气筒，你们发现用工具的时候要捏紧气球口，不然气就跑了。刚才，有的小朋友成功了，有的小朋友遇到了一些问题，我们一起找到了方法，那我们再来试一试。

幼儿再次自主选择材料，尝试让气球鼓起来。

5. 提升经验。

教师：我们今天利用合适的工具让气球都鼓了起来。在打气的过程中，你们发现无论用哪一种工具，气球口的位置都需要捏紧，不然，很容易就跑气了。现在来看看我们的成果吧，你们真棒，给自己拍拍手！

活动反思

本次活动从孩子们的生活中、游戏中生成。在活动中，幼儿积极又投入，通过自己动手操作、反复尝试让气球鼓起来。在劳动的过程中，创设属于自己的新年装饰，遇到问题也能主动地去解决，在不断地探索、讨论、再操作、再探索的过程中提高了分析、判断能力，掌握了让气球鼓起来的技巧。

（樊晨曦）

三、大班

案例一：我是印刷小工人

实施途径

室内集体活动

设计意图

班里图书区投放了绘本《印刷术》后，幼儿对印刷术产生了浓厚的兴趣。根据大班幼儿的年龄特点，教师找到了吹塑板、不同大小的碟子等材料，引导幼儿了解使用吹塑板制作版画的过程。此次活动以幼儿的计划为前提，以小组为单位，按照版画的方式制作图书，探索版画的制作方法，体验印刷活动的乐趣。

活动目标

1. 了解版画的制作方法，能够按照计划自主选择材料，制作版画风格的小书。
2. 能够大胆用语言表达自己的版画小书。
3. 在活动中体验印刷术的乐趣，感受成功的喜悦。

活动重点

了解版画的制作方法，能够按照计划自主选择材料制作版画风格的小书。

活动难点

在印刷过程中能够使用正确的方法来制作，发现问题并勇于尝试调整。

活动准备

1. 物质准备：刮画笔、吹塑板、黑色水粉、磙子、作品展板。

2. 经验准备：初步了解版画的制作原理，根据自己的意愿提前做好小组印刷计划。

活动过程

1. 通过讨论，激发幼儿印刷小书的兴趣。

教师：最近小朋友带来了不少书，在阅读时我们发现书中的图画有不同的绘制风格，有简笔画类、摄影类、剪纸类、彩铅类等等，其中有一种印刷风格小朋友们很感兴趣（出示书《100万只猫》），它是使用什么方式印刷的？（版画）怎样制作版画呢？

幼儿：先用刮画笔在吹塑板上刻出想印刷的模具，再用磙子涂上颜料，最后拓印在白纸上。

教师：咱们今天是印刷小工人，准备用版画的方式来印刷小书啦！

2. 幼儿介绍计划，按照计划来做版画小书。

教师：昨天小朋友已经讨论过了，准备制作四本书，还制订了计划，谁来说一说你要制作哪本书？书页的大概内容是什么？

幼儿：有《美丽的秋天》《我的十一假期》《幼儿园有趣的事》《百科全书》。

教师：现在请小朋友把小椅子搬到桌子边，然后穿罩衣，再回到桌子边自主选择材料，制作属于你自己的版画模具，再印刷成书页内容。

3. 幼儿制作，教师个别指导。

教师：制作完版画模具的小朋友就可以刷颜料进行印刷了。制作完书页内容的小朋友把罩衣挂回原位。小朋友可以将印刷好的书页贴在展板上。

4. 幼儿分享小书中的内容，表达作品的美，同时分享在制作过程中的发现。

教师：谁来分享一下你印刷出了什么内容？在制作过程中有什么发现？是怎样调整的？

幼儿1：在印刷时要用颜料把磙子都涂满，横着或者竖着相连接着涂会更均匀。幼儿2：大的磙子滚得更快，滚完颜料后尽快印制，否则颜料容易干。幼儿3：印刷的纸张和模具要对准再印刷。幼儿4：印出来的内容和模具是反着的。

5. 教师小结幼儿的发现，并引出接下来的活动。

教师：印刷术真神奇，每个小朋友按照计划，使用版画的方式制作出了书页内容，老师给你们点赞！下次咱们可以把小书的每一页装订在一起，制作成属于你们的小书，放在图书区来阅读。

活动反思

此次活动符合大班幼儿的年龄特点，以小组合作的方式完成印刷小书的计划。幼儿在活动中积极探索使用吹塑板制作模具并印刷的方法，从中发现模具和印刷出的书页内容是相反的。同时，幼儿也发现印刷时需要注意把碌子涂满颜料，滚的速度以及拓印的速度要快，才能印刷出清晰完整的书页。幼儿在探索的过程中体验印刷劳动的乐趣，感受印刷工人劳动的不易，并愿意珍惜他人的劳动成果。

（赵茜）

案例二：我的圆梦计划

实施途径

主题教育活动

设计意图

班里开展了主题活动"小学，我来喽！"，幼儿了解了小学与幼儿园的不同，对幼儿园产生了依依不舍之情。于是通过讨论，幼儿想在离开幼儿园之前开展圆梦计划，完成自己在幼儿园的梦想。幼儿根据自己的意愿制订了计划，并在区域活动中尝试开展了部分内容。此次活动就是利用集体活动的形式来完成剩下的圆梦计划。

活动目标

1. 在动手操作的过程中感受圆梦计划的快乐。
2. 能在实施计划的过程中发现计划的不足，并尝试调整。
3. 能在活动中与同伴分工合作，体验合作的乐趣。

活动重点

能在实施计划的过程中发现计划的不足。

活动难点

在活动中能根据活动的进程或发现的新问题来尝试调整计划。

活动准备

1. 物质准备：圆梦计划书、代表时间大转盘的大圆盘、幼儿做好的不同材质的纪念册活页、打孔器、锥子、剪子、钉子、铁丝、剪刀、订书器、塑料玩具圈、麻绳、扭扭棒、丝带、毛线、纸箱子、长木条、纸杯、纸、笔、木工区工具和材料等。

2. 经验准备：通过讨论在幼儿园未完成的梦想，幼儿已制订好圆梦计划书。

活动过程

1. 回忆幼儿的圆梦计划内容，激发幼儿参与活动的欲望。

教师：小朋友还有几天就要毕业了，在离开之前，大家决定完成自己没有完成的梦想。小朋友已经按照自己的想法和意愿完成了小组或者个人计划，谁想来分享一下你们组或者你自己的圆梦计划？你的梦想是什么？要使用哪些材料进行制作？可能会遇到哪些困难？怎么解决？

2. 教师介绍活动要求。

教师：老师已经把你们搜集的工具和材料摆在桌子上，请你们轻轻地搬着小椅子回到座位，按照计划来尝试完成自己的梦想。使用工具时要注意安全。

3. 幼儿操作，教师进行随机指导。

有的小组进行小组圆梦活动，使用木工工具制作大坦克；有的小组装订纪念册；有的小组给已经离开和在幼儿园的小朋友写信；有的小组给幼儿园的老师做礼物。

4. 幼儿分享自己的发现。

教师：我看到小朋友已经离自己的梦想近了一步，请小朋友来分享一下你在实施圆梦计划的时候遇到了哪些困难？怎样解决的？

5. 教师提炼小结幼儿的游戏内容，并延伸出接下来的活动。

教师：在实施圆梦计划的时候，有的小朋友能够分工合作，有的小朋友善于动脑筋，遇到和计划不同的问题时能够临时调整计划，有的组没有完成自己的计划没有关系，小朋友已经走出了第一步，下次做计划的时候不要太着急，一步一步来完成。在整个过程中，老师看到你们为了梦想而坚持、努力，我为你们感到骄傲。你们今天圆梦了吗？之后请小朋友再修改，在区域活动和集体活动时一起完成梦想。

活动反思

此次活动，教师充分尊重幼儿的想法，创设宽松的氛围，引导幼儿去追梦。幼儿通过实施个人计划、小组计划来完成自己的梦想。在活动中，幼儿积极开动脑筋，想办法使用锤子、钉子等工具来完成木工坦克；使用打孔器、订书器等完成纪念册的装订。幼儿在游戏中练习使用工具，对劳动方法有一定的认识和理解，从而感受劳动的快乐。

（赵茜）

案例三： 线绳怎么穿过去

实施途径

小组活动

设计意图

户外分散游戏的时候，幼儿都会在跳绳筐中寻找自己的跳绳。很多时候会出现跳绳缠在一起的情况，需要花一段时间才能将跳绳整理好。小朋友想到可以在美工区制作一个布袋子，将跳绳放进去。于是美工区就有了孩子们认真缝制跳绳袋的场景。跳绳袋缝好以后，新的问题又产生了，跳绳放在里面会滑出来。孩子们想到可以在封口处设计一个绳子，把绳子拉紧，跳绳就不会掉出来了。于是就生成了本次小组活动。

活动目标

1. 在动手动脑的过程中，主动探索将线绳穿过去的多种方法。
2. 能用一定的方法验证自己的想法和计划，并在过程中进行适当的调整。
3. 在制作跳绳包的劳动过程中获得方法，喜欢劳动。

活动重点

主动探索线绳穿过去的多种方法。

活动难点

能够选择适合的材料，把线绳从一端穿到另一端。

活动准备

1. 物质准备：幼儿自己缝制的跳绳袋、计划单、曲别针、长短不同的扭扭棒、卡子以及幼儿自己选择的操作材料。

2. 经验准备：生活中有钻山洞的经验。

活动过程

1. 谈话导入，引发幼儿对游戏的兴趣。

教师：小朋友们之前缝制跳绳袋之后，发现跳绳还是会从里面滑出来。你们想到了在袋子封口处加个扣子，还想到可以在封口处穿过一根绳子，用完以后系上。今天我们来试试如何让线绳穿过去。

2. 主动探索将线绳穿过去的方法。

（1）幼儿进行第一次操作，教师观察幼儿的操作方法并进行支持。

教师：你们可以按照自己的计划，试试自己选择的材料，看看怎样把线绳穿过去。

幼儿做法：先把扭扭棒穿过去，发现绳子没有过去。曲别针和绳子连在一起，但是曲别针卡在入口，幼儿尝试将曲别针压扁。幼儿选择一根足够长的树枝，穿过去之后，再与线绳连接。

教师：我看到你们都在借助材料来帮助线绳穿过去，但是目前没有成功。遇到了什么困难？这些困难为什么会出现？有什么好办法能够解决？

幼儿1：我觉得是因为木棍和线绳连接得不够紧，我要用胶带把它们缠在一起。幼儿2：我觉得是因为扭扭棒太软了，所以在一半的时候就停止了，我可以把扭扭棒变得更硬一些。

教师：请你们按照自己的想法去探索一下，一会儿回到座位上时，请你完整地说出来你用了什么方法，最后的结果是什么样的。

（2）幼儿介绍穿绳的方法，教师提炼。

教师：孩子们，你们用了什么工具，怎样让你的线绳穿过去的？

幼儿1：我用了小卡子，把绳子绑在后面，然后用手捏住小卡子，让它在里面一点点地往前动，最后线绳就穿过来了。幼儿2：我是用别针，我想把别针连起来然后穿过去，再把绳子拉过去，但是没有成功。幼儿3：我找了一根最长的木棍，把绳子和木棍的前面绑在一起，木棍穿过去以后，绳子也就穿过去了。

教师：刚才，小朋友们选择了不同的材料让线绳穿过去，有的小朋友选择了很长的材料，将绳子和材料的头部绑在一起，材料硬硬的，很容易穿过去，线绳也就穿过去了。还有的小朋友选择短短的材料，需要捏住材料，让它在里面一点一点地移动，然后将线绳穿过去。还有的小朋友虽然没有成功，但也在不断尝试。听完小朋友的好方法，我们可以再试试，成功的小朋友可以再试试其他的材料。

（3）第二次探索穿线绳的方法，教师提炼。

教师：大家来说说这次你用了什么方法？有什么发现？

幼儿大胆表达自己的方法。

3. 提炼小结幼儿的经验并回归生活。

教师：今天小朋友们用了自己的方法让跳绳袋有了绳子，很好地解决了跳绳容易从袋子里滑落出来的问题。你们想到了用长一些的材料和线绳绑在一起，长材料过去，线绳就过去了。也想到了用小卡子一样硬硬的材料一点一点地移动，带动线绳过去。你们非常棒，有想法还能坚持完成，为你们点赞。你们通过劳动，完成了属于自己的跳绳袋。可以想想生活中还有哪些地方需要这样穿绳过去，可以再把好的方法用一用。

活动反思

本节活动来源于幼儿的生活，解决了游戏中的真问题。教师在看到孩子们的问题之后，尝试利用小组讨论的方式解决问题。在两次操作过程中，幼儿不断探索材料的特性和穿过线绳的方法，积累经验。游戏中蕴含着劳动，在劳动中增加智慧、拓展思维。幼儿也在劳动的过程中体验到劳动对我们生活的重要性，劳动创造智慧，劳动最光荣。

（武子威）

第 五 章

家园共育劳动教育案例

　　本章结合传统节日以及日常劳动，开展在园亲子劳动活动和在家亲子劳动活动。在园亲子劳动活动是教师发起、幼儿与家长共同参与的活动，在劳动过程中体现家长的引导；在家亲子劳动活动多是家长发起的活动，家长给予幼儿活动的空间，体现出家长培养幼儿劳动素养的意识。

一、小班

案例一： 给妈妈献花

实施途径

幼儿园亲子活动

设计意图

《纲要》中明确指出："幼儿与成人之间的共同生活、交往、探索、游戏等，是其学习的重要途径之一。"五月，我们迎来了母亲节，在这温馨的日子里，为了让孩子们学会感激妈妈对自己的养育之恩，培养孩子用行动去表达对妈妈的爱，进一步激发幼儿对母亲的浓浓爱意，增进与家人的感情，我班开展母亲节亲子活动"爱的惊喜"。同时，爸爸们也自愿参与到我们的活动中来，为小朋友树立榜样，通过向辛苦付出的母亲献花来表达对母亲的爱。对孩子而言，最好的教育就是父母的言传身教，最好的学校就是家庭，让孩子从小养成孝敬父母的良好美德。

活动目标

1. 了解妈妈的辛劳，萌发对妈妈的感激之情。
2. 知道五月的第二个星期日是母亲节。
3. 感受劳动的乐趣，用亲手制作礼物的方式表达对妈妈的爱。

活动重点

使用半成品的插花材料插花。

活动难点

基本掌握插花的简单方法。

活动准备

1. 物质准备：花泥、鲜花、成人剪刀、幼儿剪刀、垃圾袋。
2. 经验准备：幼儿看到过插好的花束。

活动过程

1. 单独建立班级宝宝爸爸群，在微信群内向爸爸们介绍本次母亲节活动的意义和目的，自愿报名参加。

2. 家长入园参与亲子插花活动。

教师：大朋友、小朋友们好！母亲节就要到了，为了感谢妈妈为我们的辛苦付出，表达对妈妈的爱，今天我们要一起给妈妈插一束漂亮的花。

（1）家长与幼儿一组，共同倾听教师讲解插花的方法。

（2）家长及幼儿进行插花。

家长：这里有许多花朵，你要选什么颜色的？

幼儿1：我觉得红色的玫瑰花好看。幼儿2：妈妈喜欢向日葵，我们可以插两朵向日葵。幼儿3：把小的花朵插在旁边围一圈，这样会很漂亮。

家长：想一想什么颜色搭配在一起，妈妈/奶奶/姥姥会很喜欢呢？

幼儿1：妈妈喜欢粉色和红色。幼儿2：奶奶喜欢黄色。

3. 插花完成后，请幼儿介绍自己的插花。

家长：你把漂亮的花送给妈妈/奶奶/姥姥的时候，你想说什么？

幼儿1：妈妈，您辛苦啦！我爱您！幼儿2：奶奶，母亲节快乐！谢谢您一直照顾家人，我和爸爸亲手制作了插花送给您！幼儿3：妈妈，我们回家把花朵摆在客厅里，会香香的。妈妈节日快乐！

4. 教师将幼儿和家长制作插花的场景用照片或视频的方式记录下来。

📋 活动延伸

幼儿和爸爸将插的花束送给妈妈、奶奶或姥姥，将温馨的一幕用相机记录下来。幼儿可以说说插花作品是用哪些种类的花制作的，分别用了什么制作方法。

📋 活动反思

《指南》中指出，幼儿的社会性是在日常生活和游戏中通过观察和模仿潜移默化地发展起来的，成人应注意自己的榜样作用。在本次活动中，家长就在用自己的实际行动影响着孩子，爸爸对自己的妻子或者妈妈的爱也滋润到了幼儿的心中。通过本次活动，幼儿知道了五月的第二个星期日是母亲节，并且在这一天用自己的劳动表达了对妈妈的爱。在操作的过程中，幼儿也初步了解了插花的简单方法和技巧。

（樊晨曦）

案例二：我和妈妈来种菜

📋 实施途径

家庭亲子活动

设计意图

随着新型冠状病毒疫情防控形势的严峻，在家长的指导下，幼儿在居家期间自愿参与了五大领域的小游戏。有的家长自主带孩子开展了种菜的实践活动。

活动目标

1. 能积极动手参与室内种植活动。
2. 在家长的指导下，在操作中体验种植的过程。
3. 感受劳动的乐趣，有初步的劳动意识。

活动重点

幼儿使用半成品的种植材料进行种植。

活动难点

掌握种植方法。

活动准备

1. 物质准备：天之椒子成套种植材料（花盆、成袋营养土、彩椒种子）、水、浇水壶。
2. 经验准备：幼儿看到过妈妈种菜的过程。

活动过程

1. 把天之椒子成套种植材料准备好，放到干净的桌子或者空地上。
2. 亲子种植。
(1) 将装营养土的塑料袋撕开小口。
(2) 幼儿将营养土倒入花盆中。
家长：怎样不将营养土撒到外边？
幼儿：装营养土的塑料袋口不要撕开那么大，倒土时对准花盆。
(3) 将倒好的营养土铺平，用手扒出一个个小坑。
家长：小种子间要有些距离，这样小种子就不会挤了。
(4) 幼儿将彩椒种子一个个放到小坑里，再把土铺平。
家长：要轻轻地把土填平，每个小种子才会在自己的家慢慢长大。
(5) 在浇水壶里接半壶水，给种植的彩椒浇水。
幼儿：每天给彩椒浇浇水，它会很快长大。

活动延伸

鼓励幼儿种植不同的菜籽，用自己的方式记录每盆菜的种类，并且观察菜籽的生长过程。家长用照片或视频的方式记录幼儿的观察，幼儿可与班级老师、同伴进行分享。

活动反思

幼儿特别喜欢此次亲子种植小活动，通过自己的小手把彩椒种子种在花盆中，初步感受到劳动的乐趣。家长能够根据小班幼儿的年龄特点来选择材料，半成品的简易种植材料能让幼儿更容易操作，更容易获得劳动成就感。在种植过程中，家长会担心孩子把土撒出来，但是孩子撒出的土很少，这说明孩子具备一定的劳动能力。此次种植活动不仅锻炼了幼儿动手动脑的能力，而且为之后观察、照顾菜籽打好基础，从而使幼儿获得更多的劳动机会。

（赵茜）

案例三： 我来择菜洗菜

实施途径

家庭亲子活动

设计意图

小班上学期，幼儿在进餐中存在挑食的现象，为了让孩子们尽快喜欢上各种蔬菜，我们开展了"香香的蔬菜"主题活动，幼儿认识了各种各样的蔬菜。家长在家中发现幼儿对买的蔬菜很感兴趣，于是在家开展了"我来择菜洗菜"亲子活动，鼓励幼儿参与到劳动中来。

活动目标

1. 能积极动手参与择菜洗菜活动。
2. 在家长的指导下，探索择菜洗菜的方法。
3. 感受择菜洗菜的乐趣，有初步的劳动意识。

活动重点

幼儿探索洗菜的不同方法。

📋 **活动难点**

幼儿尝试择菜，探索择菜的方法。

📋 **活动准备**

1. 物质准备：各类蔬菜，如娃娃菜、土豆、黄瓜、芹菜等。

2. 经验准备：幼儿看到过家人洗菜的过程。

📋 **活动过程**

1. 幼儿挑选自己要择或清洗的蔬菜。

2. 亲子动手择菜。

（1）幼儿择芹菜。

家长：芹菜宝宝的小叶子怎样才能择下来？

幼儿：我用小手掐住叶子，一掐就掐下来了。

家长：用小手掐住叶子和芹菜梗的连接处，择一下试试。

幼儿：原来掐住头更容易把叶子择下来。那么多叶子，我要坚持都择完哦！

（2）幼儿择娃娃菜。

家长：娃娃菜怎么择呢？

幼儿：要先择成一片一片的，再用清水把每一片娃娃菜都洗干净。

家长：是的，择的时候要从外边开始剥。

幼儿：娃娃菜择的越来越小啦！太有趣了！

3. 将土豆、黄瓜泡入水中，幼儿动手清洗蔬菜。

家长：怎样才能把土豆洗干净？

幼儿：用手搓一搓，把泥都搓干净。

幼儿：黄瓜身上有点扎，洗的时候要轻轻地。

4. 家长与幼儿共同分享洗菜择菜的感受。

幼儿：洗菜择菜也是有不同方法的，择菜时不能着急，有的菜需要坚持择很久才能择完，芹菜就是这样的。看到我择的菜变成了香喷喷的菜肴，好开心啊！

📋 **活动延伸**

鼓励幼儿每天都参与到家长做饭的环节中来，在幼儿园分享自己择菜洗菜的经验和方法。

活动反思

在此次活动中，幼儿积极主动地参与到家庭的劳动中来，通过自己动手择菜、洗菜认识了不同的蔬菜，并掌握了洗菜的方法。在操作过程中，家长给予了幼儿充分劳动的机会，幼儿通过自己动手动脑发现了不同蔬菜的择菜、清洗方法，逐渐掌握了一些简单的劳动技能。在活动后，家长将蔬菜进行烹饪，幼儿品尝到了动手参与家务劳动的成果，也达到了让幼儿不挑食的目的。

在幼儿操作后，教师还给予了幼儿分享经验的机会，不仅提高了幼儿的语言能力，而且使个性经验变成了共性经验。

（张颖　谭玉嵩）

二、中班

案例一：　我给老人来献茶

实施途径

幼儿园亲子活动

设计意图

《指南》中班社会领域提出，中班的幼儿要会用礼貌的方式向长辈表达自己的想法，并且有关心、体贴的表现，体会长辈养育自己付出的辛苦。九九重阳，因为与"久久"同音，九在数字中又是最大数，有长久长寿的含意，并且秋季也是一年中收获的黄金季节，重阳佳节，寓意深远，所以结合重阳节开展关于"尊老、敬老"的活动。

活动目标

1. 知道重阳节是我国的传统节日，是老人的节日，初步了解重阳节的风俗习惯。

2. 乐意参与重阳节的相关活动，尝试用自己的方式表达对老人的关心和节日的祝贺。

3. 了解爷爷、奶奶对自己的爱，萌发关爱老人的情感。

活动重点

了解爷爷奶奶对自己的爱。

活动难点

用自己的方式表达对老人的关心。

活动准备

1. 物质准备：山楂水、水壶、水杯。
2. 经验准备：幼儿提前制作了山楂水，会说甜甜的话。

活动过程

教师：小朋友们，我们期待已久的重阳节终于来临了，重阳节是老人的节日，所以今天小朋友们邀请了爷爷、奶奶或姥姥、姥爷来幼儿园一起过节。我们的爸爸妈妈虽然没有到场，但是也参与进来了，我们看看他们为我们带来了什么？

1. 观看视频。

教师提前与爸爸妈妈进行沟通，录制好想要对老人说的话。（家长代表参与现场活动）

2. 教师带领班级幼儿进行敬茶活动。

教师：今天，为了表达对爷爷奶奶、姥姥姥爷的关心和尊敬，小朋友们来给爷爷奶奶、姥姥姥爷敬茶。

（1）提前准备好山楂水。

（2）幼儿倒山楂水。

教师：倒水时需要注意什么？

幼儿：我一手扶着水壶的小肚子，一手握住水壶的把手，就不会洒出来了。

（3）幼儿将山楂水端给老人。

教师：敬茶时需要跟爷爷奶奶说什么？

幼儿1：爷爷奶奶辛苦了，您请喝茶！幼儿2：这是我们亲手制作的山楂水，请您尝一尝！幼儿3：爷爷，谢谢您一直照顾我，我爱您！

3. 组织家长和小朋友拍照留念。

教师：咱们现在把这一刻用照片的方式记录下来吧！

活动延伸

教师把照片和现场录制的小视频发送到班级群中，请爸爸妈妈一起观看。

活动反思

重阳节是敬老的节日，在小朋友的一日生活中，接触最多的就是老人。老人无怨无悔地照顾着一家人，是最应该受到尊重和感谢的。在此重阳之际，我们把老人邀请到园中一起过重阳节。幼儿摘山楂、洗山楂、切山楂，由食堂师傅熬成了山楂水，将自己参与制作的山楂水敬给老人品尝，感受到通过自己的劳动带给亲人的快乐，也增强了敬老爱老的意识。

（于波）

案例二：捏饺子

实施途径

幼儿园亲子活动

设计意图

冬至是二十四节气中一个重要的节气。自古以来，民间就有"冬至大如年"的传统习俗。为了让幼儿更好地感受传统文化，传承并弘扬中华民族的优秀传统文化，我们开展了冬至包饺子的亲子活动，感受浓浓的节日氛围。

活动目标

1. 知道冬至是二十四节气之一，了解冬至节气的来历及简单习俗。

2. 在家长的指导下，用揉一揉、搓一搓、压一压的方法包饺子，体验劳动的快乐。

3. 感受包饺子的乐趣，喜欢自己动手包饺子。

活动重点

和家长一起动手包饺子。

活动难点

掌握包饺子的方法。

活动准备

1. 物质准备：PPT 课件、饺子馅、揉好的面粉、擀面杖、围裙、保鲜膜。

2. 经验准备：幼儿在家中看到过家人包饺子的过程。

活动过程

1. 教师简单介绍冬至节气的来历和习俗，让幼儿了解冬至是中华民族传统节气。

2. 请一位家长为大家讲解包饺子的基本方法，幼儿认真倾听并动手包饺子。

（1）先把面切成一个个小圆球，用擀面杖压扁，变成饺子皮。

家长：擀饺子皮的时候，怎么能擀得圆圆的？

幼儿：不能总是沿着一个方向擀，要一直换方向。

（2）小心翼翼地拿起饺子皮，把馅儿放在皮内。

（3）将饺子皮对折，再把饺子皮的边缘捏紧。

家长：包的时候怎么能不让馅儿露出来？

幼儿1：放饺子馅儿的时候一点一点地放，不能放太多。幼儿2：包的时候，要用饺子皮把馅儿全部包住，沿着边缘捏，捏的时候要用点力。

（4）在家长的指导下，将包好的饺子下锅煮一煮，准备品尝。

提示：一定要注意安全，家长指导幼儿将饺子下锅的方法，避免烫伤。

家长：下饺子的时候，要离锅远一点，从锅的边缘轻轻地下，热水就不会溅到身上了。

3. 饺子煮熟出锅，幼儿品尝自己的劳动成果。

活动延伸

鼓励幼儿在家和家长一起捏饺子、包包子，锻炼小手肌肉的灵活度，并品尝饺子，感受自食其力的快乐。

活动反思

《指南》中班健康领域中关于动作发展的教育建议指出，我们要引导幼儿生活自理或参与家务劳动，发展其手部肌肉动作。在本次活动中，我们借助冬至节气，让幼儿了解中华民族传统文化的同时，参与到冬至包饺子的劳动活动中。在操作时，家长针对性地提问也激发幼儿在劳动中动脑思考，遇到问题想办法解决。

（高晨雪）

案例三： 叠被子

实施途径

家庭亲子活动

设计意图

进入中班后，为了提高幼儿的自我服务能力，在幼儿园，幼儿开始练习自己叠被子。教师将幼儿和同伴叠被子的照片传到家长群中，家长表示幼儿长大了，能做力所能及的事情了，并主动在家开展了"叠被子"的活动，使得幼儿叠被子的技能逐渐娴熟。

活动目标

1. 愿意与家长配合在家叠被子，巩固叠被子的方法。
2. 尝试探索更多叠被子的方法，主动解决问题。
3. 感受动手叠被子的乐趣，愿意服务他人。

活动重点

愿意与家长配合在家叠被子，巩固叠被子的方法。

活动难点

尝试探索更多叠被子的方法。

活动准备

1. 物质准备：被子。
2. 经验准备：幼儿有一定的叠被子的经验。

活动过程

1. 家长准备好被子。
2. 家长与幼儿一起叠被子（图 21）。
（1）叠幼儿自己的被子。
（2）挑战叠爸爸妈妈的大被子。
家长：我们的被子有些大，而且厚，不太好叠。
幼儿与家长按照叠小被子的方法叠大被子。

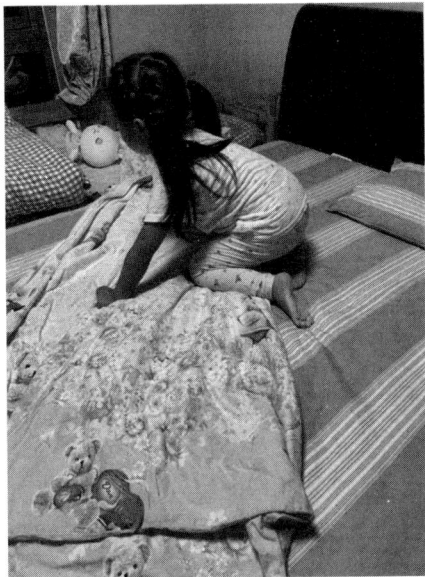

图 21

📋 活动延伸

家长将幼儿叠好的被子拍照发到家长群中，使幼儿更愿意服务他人。

📋 活动反思

幼儿在园基本掌握了叠被子的技能后，在家长的引导下愿意主动与家人合作叠被子。这说明只要给幼儿机会，幼儿不仅能巩固劳动技能，而且能参与更有挑战的家务劳动。在与家长配合叠被子的过程中，幼儿的主动性得以凸显，和家长的互动也体现出幼儿对劳动技能的输出。"示弱"的方法体现出家长的教育智慧。在尝试叠大被子时，幼儿表现出愿意挑战、不轻易放弃的劳动品质。在本次活动中，幼儿园教育和家庭教育有了良好的互动和衔接。

（杨春霞）

三、大班

案例一： 做月饼

📋 实施途径

幼儿园亲子活动

设计意图

临近中秋节，孩子们调查了中秋节的习俗，对中秋节为什么吃月饼有了更加深刻的理解。孩子们还想亲手制作月饼皮和月饼馅，我们将幼儿的想法发到群里之后，家长们提出可以制作南瓜红薯月饼。结合家长资源，我们了解了南瓜红薯月饼的制作方法。根据幼儿的兴趣，将幼儿分为采购组、去皮组、切片组、压泥组、揉面组、做馅组，并针对各组做的事情以及需要的材料制订了小组计划。在中秋节当天，我们请家长进园和幼儿共同制作南瓜红薯月饼。

活动目标

1. 了解中秋节的习俗，愿意用自己喜欢的方式感受传统文化的魅力。
2. 尝试分工合作制作月饼，在过程中探究制作南瓜红薯月饼的方法。
3. 感受中秋节的欢乐气氛，体验劳动带来的成就感。

活动重点

幼儿尝试分工合作制作月饼。

活动难点

掌握做月饼皮、月饼馅的方法以及比例。

活动准备

1. 物质准备：老南瓜、红薯、糯米粉、粘米粉、白糖、案板、一次性桌布、一次性手套、罩衣、削皮器、刀、月饼模具。
2. 经验准备：幼儿在家练习和面，为做月饼做准备。

活动过程

1. 五名家长进班级介绍自己，并分别进到各组中，关注并指导幼儿操作的过程。
2. 家长与幼儿共同准备做月饼的食材。
（1）清洗南瓜、红薯。
家长：怎样把红薯缝里的泥洗掉呢？
幼儿：把手放到有泥的地方，使劲搓一搓就洗掉了。
（2）给南瓜挖籽、切块，红薯削皮、切片。

家长：削皮时要注意安全哦！

幼儿1：把勺子立起来挖南瓜子更方便，不同的南瓜子形状也是不同的！

幼儿2：我一只手握着红薯的一角，另一只手将削皮器立起来，一下一下地削，就不会受伤了！幼儿3：切到中间时不好切，切不动了可以把红薯转过来，再从另一面切。

3. 把切好的红薯和南瓜拿到伙房蒸制。

4. 制作月饼的皮和馅。

（1）幼儿将蒸好的红薯和南瓜压成泥。

幼儿：南瓜比红薯更软一些，红薯可以用擀面杖、大勺子来压泥。南瓜用小勺子来压泥。

（2）做南瓜皮、红薯馅。

家长：面粉要一点一点地放到装食材的盆里，然后再揉面。

幼儿：面粉多点，手就不会那么粘了。

5. 准备好桌布、案板、月饼模具，使用工具制作月饼。

幼儿1：我们把皮做成小船，馅做成圆圆的，用皮把馅包起来，再用模具一压就可以了。幼儿2：模具推下来的时候要轻一点，要不红薯馅就露出来了。

6. 制作完送到伙房烤上，幼儿分享制作的心情。

幼儿：这是我们亲手制作的月饼，太开心了。我要送给爸爸妈妈，和他们一起分享我的劳动成果。

活动延伸

幼儿将自己制作的月饼拿回家与家人分享，感受与他人分享劳动成果的快乐。

活动反思

幼儿主动提出自己想亲手制作月饼皮和月饼馅，说明幼儿有劳动的意识，他们想用劳动的方式来过一个难忘的中秋节。教师抓住劳动教育的契机，充分利用家长资源，开展制作南瓜红薯月饼的亲子活动。在此次活动中，幼儿掌握了新的劳动技能。家长在与幼儿互动的过程中感受到幼儿是劳动的小主人，幼儿能够在劳动中动脑筋想办法解决问题，家长纷纷为幼儿竖起大拇指。活动不仅增强了幼儿的劳动意识，提高了幼儿的劳动本领，也让家长认识到劳动对幼儿发展的重要性，度过了难忘的亲子劳动时光。

（赵茜）

案例二： 九九重阳情

实施途径

幼儿园亲子活动

设计意图

日常生活中，因年轻的父母工作较忙碌，班中幼儿一般都是由家中老人来照顾。在重阳节即将来临之际，班级开展了一系列活动，引导幼儿了解老人照顾一家人的不易。幼儿通过绘本了解节日的由来，并计划开展一系列重阳节活动。教师根据幼儿对艺术活动的兴趣，开展重阳节庆祝活动——制作环保购物袋。

活动目标

1. 知道九月初九是重阳节，尝试用自己的方式表达对老人的爱。
2. 在设计、制作蝶骨巴特环保袋的过程中，感受各种素材之间的位置关系。
3. 在制作中感受劳动的乐趣，有初步的劳动意识。

活动重点

在了解重阳节知识的基础上，激发幼儿用自己的方式表达对老人的爱。

活动难点

设计、制作蝶骨巴特环保袋，感受各种素材之间的位置关系。

活动准备

1. 物质准备：帆布包、蝶骨巴特胶水、漂亮的花鸟图案、背景音乐。
2. 经验准备：幼儿有参与艺术活动的经验。

活动过程

1. 利用微信的形式向家长介绍本次重阳节活动的意义和目的，家长自愿报名参加。
2. 家长入园参与到亲子制作环保袋的活动中。

教师：今天，我们很开心能一起为爷爷奶奶、姥姥姥爷制作重阳节的礼物。在之前的活动中，小朋友们已经完成了自己的设计图。今天我们就和爸爸妈妈们一起制作爱心蝶骨巴特环保袋。

（1）家长和幼儿共同倾听教师讲解蝶骨巴特环保袋的制作方法。

（2）幼儿及家长进行制作。

家长：如何摆放这些材料才能让你做的环保布袋更好看？

幼儿1：可以先把这些材料摆一摆，然后再粘贴。幼儿2：姥姥喜欢百合花，我们可以放一些百合花的图案。

家长：想一想，做成什么样子，奶奶会喜欢呢？

3. 制作完成后，引导幼儿说一说想对老人说的话。

家长：你把漂亮的包送给爷爷奶奶/姥姥姥爷的时候，想说什么？

幼儿1：姥姥，您辛苦啦！我爱您！幼儿2：谢谢您一直照顾家人，我和妈妈亲手制作了漂亮的包送给您，希望您永远开心！幼儿3：奶奶，送给您漂亮的包包，您买东西的时候就可以用到啦！

4. 教师将幼儿和家长制作蝶骨巴特环保袋的场景用照片或视频的方式记录下来。

活动延伸

请家长将幼儿给老人送包的场景用照片或视频的方式记录下来。同时将幼儿制作过程的照片与幼儿的绘画作品放在一起，制作成班级的故事书。

活动反思

此次亲子制作活动让幼儿喜欢、家长满意。孩子通过设计、粘贴完成了环保布袋的制作，初步感受到用自己的方式为老人付出的快乐，也体验到劳动带来的成就感。在制作过程中，家长也给了幼儿充分动手操作的时间和机会。环保手袋是半成品的操作材料，实用性和创意性都很强，便于幼儿操作，每名幼儿都能够完成自己的作品，获得劳动的成就感。在活动中，家长的观念也发生了很大的变化，从最初的包办代替到能够放手让幼儿去做，用积极正向的语言鼓励幼儿，让幼儿在宽松的氛围中大胆表现自己，在动手动脑中体验成功的喜悦。

（武子威）

第 六 章

幼儿园劳动教育研究成果

　　本书对劳动教育的研究是从为人才培养奠基的角度思考，将五育融合，形成育人合力，培育发展孩子的核心素养，建构高水平的育人体系。随着课题实践研究的深入，教师、家长的劳动教育观发生着改变，我们在幼儿园劳动教育路径、劳动教育中的家园共育、劳动品质培养等方面取得了一些研究成果。

论文一　浅析幼儿园劳动教育课程建设的路径

一、幼儿劳动教育的价值

中共中央、国务院于 2020 年 3 月 20 日印发了《关于全面加强新时代大中小学劳动教育的意见》，对幼儿教育具有重要的指导意义。随着物质生活条件的改善，家庭的溺爱容易让幼儿养成"衣来伸手、饭来张口"等好逸恶劳的坏习惯，使幼儿缺乏基本的自理能力，不尊重他人的劳动成果，更不用说有服务他人的意愿了。要解决这些问题，最有效的办法是让孩子亲自参加劳动。所以对小中大班幼儿进行劳动教育，让他们参与劳动，培养他们良好的劳动习惯，使他们成长为一个独立自主、吃苦耐劳、具有责任心和协作精神的新时代接班人意义重大。

3～6 岁为幼儿期，又称为学龄前期。此阶段幼儿的体格发育相对减慢，中枢神经系统发育较快，特别是活动能力增强，智力进一步发展，具有强烈的求知欲和好奇心。幼儿时期所接受的启蒙教育程度，直接影响着儿童今后的生活方式和学习能力，学前阶段幼儿的世界观、人生观、价值观和独特的人格也在这个黄金时期逐渐形成，所以对幼儿进行正确的劳动价值观念引导是有必要的。正确的劳动教育对幼儿的道德观、价值观以及人格的塑造起着至关重要的作用。通过教师循序渐进地引导，可使幼儿崇尚劳动、尊重劳动，树立正确的劳动观和价值观，增强对劳动创造幸福的理性认知和实践自觉。

开展劳动教育并不只是单纯地教会孩子掌握某些劳动技能，而在于塑造他们的优秀人格与品德，培养他们的劳动能力和劳动习惯，增强义务感和责任感，形成尊敬各行各业劳动者的良好品德，并形成习惯。劳动教育可促进幼儿人际交往能力的发展，有助于其协作意识的培育，更有助于培养幼儿站在他人的立场上考虑问题，学会换位思考。劳动教育能有效地促进幼儿社会适应能力的发展。幼儿进行劳动，往往有比较显著的劳动成果，因此可使幼儿获得成就感，产生积极乐观的情绪，从而增强自信心。幼儿在社会中的生存与发展必然要面对各种挫折和困难，而劳动本身就是一个艰辛的过程，这对幼儿的逆商培养有一定的作用。

二、幼儿园劳动教育的课程建设路径

从狭义上来讲，一所学校的课程建设主要是校本课程建设，或是以校本课程开发为主体的课程体系建设。学校课程建设的主要目的和价值在于，通过课程的整体建构，积极开发富有个性色彩的校本课程，弥补国家通识课程和共性教育的不足，因地制宜，满足本地、本校以及学生个体个性和创新精神的发展。从这一意义而言，校本课程建设就是学校个性建设，也就是特色学校建设。

对于科学规范的幼儿园劳动教育课程建设，必须超越初级的自发性试点开发和中级的有量无质的课程开发这两个阶段，进入学校主体的高度自觉阶段。学校课程建设不应该零打碎敲，也不可以剑走偏锋，空有量而无质，应是在科学的课程规范下，按照教育规律和学生成长规律科学设计、统筹安排。幼儿园劳动教育课程建设的出发点和归宿点，在于幼儿的身心健康和德智体美劳全面发展。

（一）劳动教育价值追求高位

学校课程建设的总体目标是在学生全面发展的基础上，尊重和满足学生的差异性特点和多样化需求，提供选择，彰显自主，达成个性和创造精神的更充分、更主动发展。本着这样的"高位"追求，所有的办学主体切实按照课程规范实施劳动教育，劳动课程对于学生发展的真正价值就能体现出来。

（二）构建强调整体

对于一所幼儿园而言，成熟的标志应该是课程的成熟，课程成熟的表现是体系化。所谓课程体系化，是课程的自成体系与幼儿园特色文化、幼儿发展的三位一体。学校文化的核心是学校的教育思想、办园宗旨，课程体系架构、单一课程建设都必须在这样的思想和宗旨的观照下进行。特别要注意的是，在这一过程中，对于国家课程必须有高度的尊重，将园所特色和国家课程相统一，以国家课程为主，加之园所特色，在"持正守本"的前提下，对形式、方式进行微调。过于强调本园特色的校本课程和只重国家课程而忽视自身实际情况的课程都是不可取的。

（三）机制实现联动

课程是学校实力的重要枢纽，兼具软硬、静动之特点；课程建设是学校工作的宏大工程，也是学校发展的重中之重，它涉及学校工作的方方面面，需要多方联动，多管齐下。学校文化的成熟和基本成型，课程理念和主张的共识达成，课程建设的理论、策略和方法的指导到位，是必要条件；园内部门、年级组之间纵横关系的和谐协同，是基本保障，需要全园齐心协力，共促劳动教育课程的建设。

（四）必须全员参与

课程实施的关键在教师。改变精英开发、编写教材的传统模式，倡导每位教师直接参与开发课程，在课程改革深化的今天尤为重要。自己开发建设，自己实施教学，甘苦自知，驾轻就熟。更重要的是，开发课程的过程，实际上是教师研究教育、研究学生、研究教学的过程，自然也是自我成长的过程。通过劳动教育课程的开发研究，可以加深教师对劳动教育价值的理解和深刻认识，同时把工作中的独到见解和建设性意见提出来，通过交流讨论，研究出符合当地实际情况和本园特色的劳动教育课程内容。如在集体教学中，是否可以根据不同年龄段幼儿的身心发展特点来适当地加入劳动课程，是否可以在五大领域里交叉融入劳动教育的理念；在一日常规中，逐步减少教师不必要的行为，适当地让幼儿去尝试，鼓励幼儿独立或者合作来完成；在德智体美"四育"中渗透劳动教育，在幼儿的一日活动中要注意巩固"劳育"的薄弱项，给教师充足的时间对幼儿进行适宜的劳动教育，以发挥劳动教育的最大价值。

综上，劳动教育对幼儿启蒙阶段基础素质提高的价值和意义是不言而喻的，要更好地发挥劳动教育应有的作用，需要科学的路径来指导实施，才能真正实现幼儿德智体美劳全面发展的目标要求。

（何成文，本文发表在《新教育时代》2021 年 7 月刊）

论文二　浅谈如何在幼儿园小班生活活动中开展劳动教育

一、以游戏活动为主导，激发幼儿主动劳动的兴趣

经过一个寒假的快乐生活，孩子们对刚刚熟悉的幼儿园又有了一点陌生，需要重新适应幼儿园的集体生活。尤其是在午睡环节，孩子们又遇到了问题，如因为自己脱不下来衣服而急得掉眼泪，还有拿着衣服找老师帮忙穿的，或者是自己把衣服穿反了。根据这一系列现象，我们在班级中开展了"我会穿脱衣服"的活动。

根据《指南》中关于幼儿基本生活自理能力方面的教育建议，我们采取了榜样示范、科学认知、儿歌引导等策略助推幼儿的能力发展，促使我班幼儿由不会穿到穿，从穿得慢到穿得比较娴熟。最终，经过近一个月的实践，班里有90％的孩子都学会了叠衣服、穿外衣（上衣）。并且个别幼儿除了会穿外套，也慢慢学会了穿套头衣服。本次活动以引导孩子探究如何穿衣为线索，由兴趣入手激起幼儿的原动力，了解衣服的结构，便于师幼、幼幼间的清晰表达交流，儿歌伴随便于记忆理解穿衣方法，家园共育携手给孩子更多的锻炼机会，以积极肯定的激励方式推进幼儿穿衣技能的提高，有效促进幼儿生活自理能力的发展。通过多种学习方式相结合的手段，幼儿能够主动自己叠衣服、穿衣服，并以能干的幼儿为榜样，穿衣服有困难的幼儿主动请老师、小朋友帮忙，进行观察学习。现在幼儿已经全都能把衣服叠好，大部分小朋友都可以自己穿

衣服了。

《纲要》中指出："家庭是幼儿园重要的合作伙伴。"幼儿的成长过程需要家园共育，家长和教师要及时交流，了解幼儿在家、在园情况，才能给幼儿提供更加优质的服务，形成共育局面。关于幼儿学穿衣服的活动还在继续，下一步我们将延伸自己学习拉拉链、扣扣子，让孩子的自我服务能力进一步提高。

孩子们学习了自己穿脱衣服的本领，体验到自我服务的乐趣后，在班级很多地方出现了很多有爱的画面，如孩子们在美工区相互帮忙穿罩衣，在活动结束后，两个小朋友帮忙把小地垫用叠衣服的方法整理好。更让老师们感动的是，孩子们在午睡起床后，能够回到睡眠室，帮助老师以及没有吃完水果的小朋友整理床铺。

这些小小的活动，不仅使幼儿的生活自理能力和动手能力得到了锻炼，而且使幼儿体验到了生活自理的乐趣，相信孩子们会更加自立、自信、自主，并且会充满活力。

二、以主题活动为着力点，注重幼儿在探究过程中的劳动体验

班级四五月份开展了"香香的蔬菜"主题活动，为了引导幼儿了解蔬菜、喜欢吃蔬菜，我们同幼儿一起在这一主题中去看一看、闻一闻、种一种、做一做、尝一尝蔬菜，让小朋友知道蔬菜的多种特性，在活动中探究蔬菜、种植蔬菜、照顾蔬菜，从而喜欢蔬菜再到爱吃蔬菜，养成不挑食的好习惯。

儿童的世界是儿童自己去探讨、去发现的，大自然、大社会是孩子们最真实的、最丰富的、最具吸引力的学习环境。在小小菜园里，孩子们会获得一些种植经验，培养对自然的热爱，进而体会劳动的辛苦，感悟劳动成果的来之不易，从而尊重劳动，珍惜劳动成果。

这是一个观察与发现、付出与收获的自由空间，孩子们分工、合作、交流、分享，在整个过程中培养了热爱生活、热爱自然、爱护植物的情感，增强了求知欲和自信心。

三、以自主劳动为基石，开展多种游戏活动促进幼儿多方面发展

中华民族是一个勤劳的民族，有着热爱劳动的传统美德和勤于劳动的优秀精神。劳动，对于任何一个人，都是安身立命之本。苏联教育家苏霍姆林斯基说过："儿童高尚的心灵是在劳动中培养起来的。关键是要使儿童从小就参加劳动，使劳动成为人的天性和习惯。"从小对孩子进行劳动教育，可以培养孩子的劳动意识、劳动兴趣和劳动习惯，还能培养孩子的自我服务能力和社会适应能力。

丰富的劳动活动能够促进幼儿手脑并用，提高智力；能增强幼儿体质，促进大肌肉、小肌肉的发育；还有利于培养孩子独立生活的能力。在班级中可以请孩子一起为小朋友服务，帮忙搬一搬空床，把地垫铺好，柜子归位。教师还可以引导家长在家给幼儿提供做力所能及的劳动的机会，如为花浇水、扫地、洗自己的小衣服、洗碗等。

学习是一种劳动，劳动也是一种学习。在劳动中可以锻炼孩子思维的条理性、灵活性、创造性。劳动的过程可以培养孩子善于观察、善于发现、善于用生活中的智慧解决大问题的能力。因此充分利用幼儿的一日生活、主题活动开展劳动教育是十分必要的。自己的事情自己做，不会的事情学着做，家里的事情主动做，别人的事情帮着做，学会自我服务是所有劳动中最首要的任务。

（张薇，本文获第三届新时代全国幼儿教师论文评选一等奖）

论文三　探析在小班一日生活中 开展劳动教育的方法

习近平总书记在 2018 年 9 月 10 日全国教育大会上发表重要讲话，提出"要在学生中弘扬劳动精神"。《纲要》也强调"既要高度重视和满足幼儿受保护、受照顾的需要，又要尊重和满足他们不断增长的独立要求，避免过度保护和包办代替，鼓励并指导幼儿自理、自立的尝试"。在开展幼儿劳动教育时，我们不能为了完成劳动教育的这项任务而开展劳动活动，作为幼儿园教师，我们首先要考虑幼儿在劳动方面的能力和年龄特点，而不是将劳动体力化、任务化。其次，我们要考虑的是劳动教育的内容，其内容要适宜幼儿发展需要，具有实践的可操作性，真正符合该年龄段幼儿的身心发展规律。最后，为了真正实现教育的高质量发展，劳动教育更多的要回归于生活，让幼儿真正学以致用。

依据小班幼儿的年龄特点，开展劳动教育时要注意游戏化、生活化的特点。通过一些可操作的、符合幼儿身心发展规律的教育方式，让幼儿在游戏中、生活中学习如何劳动、体验劳动的快乐，进而在劳动中感受自身的成长。

一、根据年龄特点，创设游戏活动，劳动乐趣初体验

幼儿的学习是以直接经验为基础，在游戏和生活中进行的，因此，劳动教育也离不开游戏与生活。我们要从孩子的兴趣出发，让孩子从生活小事做起，在劳动中体验快乐，学会珍惜劳动成果。小班幼儿来园后，对班级中所有事物充满了好奇，而且归属感尚未建立，个体意识较强。因此，班级开展

了"小眼睛找一找"的游戏活动，教师在活动中提供了班级各个区角、桌椅、玩具的照片，同时提供哭脸和笑脸。在过渡环节初期，教师会将在班级中发现的脏、乱的地方贴上哭脸，让幼儿能够更加形象地了解到这个地方是需要我们帮助整理和清洁的。当整理好或者清洁干净后，哭脸会变成笑脸，劳动的小朋友也能够得到一个笑脸贴。这种游戏活动不仅满足了幼儿对环境的探索欲，而且培养了幼儿的观察能力，与此同时，用游戏活动丰富每个过渡环节，减少了无效的等待时间。这项简单的游戏逐渐培养起他们的班级归属感，在心中植入热爱劳动的种子，帮助他们初步体验到劳动的快乐和劳动带给自己的自信。

二、挖掘生活资源，开展主题活动，劳动意识初养成

"一日活动皆课程"，让劳动教育渗透于区域游戏、主题课程正是这一特点的体现。同时在课程的引领下，幼儿的劳动意识得到提升，具有初步的劳动技能，劳动精神的种子得到灌溉。

（一）挖掘主题课程下的劳动教育

根据小班幼儿以直觉行动思维为主、爱模仿、具有初步自我意识的年龄特点，同时结合对幼儿游戏、生活的"倾听"与思考，小班开展了"我是干净小超人""样样蔬菜我都爱"等主题活动。主题下对于小班幼儿劳动教育的培养更多的是幼儿的自我服务。通过年级组的研讨，得出了以下小班幼儿劳动教育的培养目标与途径。

1. 养成良好的生活习惯，形成一定的自理能力。在"我是干净小超人"主题活动中，孩子们对让周围事物变干净产生了浓厚的兴趣，教师根据幼儿兴趣有意识地将劳动游戏化，创设适合幼儿劳动的情境，然后用鼓励性的语言引导幼儿在游戏情境中自己动手，在潜移默化中习得劳动技能，提升自理能力。如怎样让小手、小嘴巴、小桌面等变得更干净？通过实践，孩子们了解了用七步洗手法洗手、用消毒湿纸巾擦手、用免洗洗手液洗手等都能够让小手变干净；饭后擦嘴漱口能够让嘴巴和牙齿变干净；餐后用"小鸡嘴"捡渣、"小鸭子嘴"拿餐巾擦桌子，专心吃饭不做"漏嘴巴"可以让桌面变干净。为了更好地尊重幼儿的个体差异，我们制作了幼儿劳动海报并张贴在不同的区域中，利用这些简单的劳动图谱对幼儿进行积极的暗示，不仅能提高幼儿劳动的技能和兴趣，而且能让小班幼儿在主题活动中潜移默化地积累劳动经验。在整个主题活动中，幼儿会掌握很多变干净的好方法，能享受劳动的快乐和幸福感，逐步养成自己的事情自己做和爱劳动的好习惯。

2. 激活幼儿劳动意识，培养幼儿劳动能力。在"样样蔬菜我都爱"的主

题活动中，教师与幼儿一起在植物角创设了种植区，孩子们探索用不同的工具将室外的土搬运到班级中，同时在教师的引导和支持下，主动参与播种豆子、浇水、采摘的过程，从而在动手操作的过程中体会到劳动的快乐，体会到收获的乐趣。班级还创设了"请你帮帮我"的游戏角，当食堂或者班级教师晚餐的食材需要洗、剥、择、泡时，我们会在每天早上放到"请你帮帮我"的区角，教师与幼儿在过渡环节一起处理这些食材，有时，小朋友们也会将家里晚上需要吃的蔬菜带到班里，请小朋友们帮忙处理。我们会把孩子们动手劳动的照片和用食材做成的香喷喷的饭菜的照片张贴到"甜蜜角落"，这样不仅能够让他们积累、内化更多的劳动经验，而且可以激发幼儿的劳动热情。

（二）区域游戏与劳动教育有机融合

小班幼儿十分喜爱角色扮演，具有把假象当现实的年龄特点，我们在娃娃家中为幼儿创了更加逼真的家庭情景，提供了奶粉（面粉）、奶瓶、奶瓶刷、幼儿香皂、浴盆、浴花、洗碗棉、钢丝球、鞋刷等，让幼儿有更多重构、再现生活经验的机会。幼儿能够在娃娃家体验用浴花打泡泡为娃娃洗澡、用钢丝球刷锅和碗、用迷你洗衣机洗娃娃衣服等，在游戏中体会到不同家务劳动的过程，幼儿教师还可以借机引导幼儿回到家里帮助家人做一些力所能及的事情，可以有效地培养幼儿形成自觉劳动的意识。游戏是幼儿生活学习的主旋律，又是孩子们最喜欢的活动，所以教师和家长要更多地运用游戏手段，采用幼儿感兴趣与喜欢的活动方式，将游戏和课程有机地结合起来，让幼儿在劳动过程中体会到游戏的乐趣，培养劳动的技能。

三、家园协同共育，自我服务快乐多

家长是幼儿园的重要合作伙伴，幼儿园各项工作的顺利开展离不开家长的支持。教师应该牢牢把握小班幼儿的年龄特点，探寻不同场所、不同时间段适合开展小班劳动教育的活动内容，有意识地让劳动教育影响到家长，将幼儿劳动渗透在一日活动的全过程；让小班幼儿学会从自己做起，从小事做起，初步培养其责任感和社会适应能力，引导其养成爱劳动的习惯，激发其爱劳动的意识。如每天早晨会有一个家庭把晚餐需要用的食材带到幼儿园，利用晨间谈话的时间，请幼儿介绍自己带来的食材以及基本的洗择方法。班级幼儿可以利用活动区以及过渡环节对蔬菜进行相应的处理。班级也为此准备了便携冰箱，幼儿在此过程中了解到了蔬菜的储存方法，感受到了蔬菜新鲜程度的变化。

著名教育家陈鹤琴先生曾说过，凡是儿童自己能够做的，应当让他自己去做，也就是说要把生活的权利还给孩子，不要剥夺孩子劳动的权利。在上面的活动中，幼儿将择好的蔬菜带回家中烹饪，品尝自己劳动的成果，建立初步的归属感，其他幼儿也从中获得了帮助他人的快乐。家长在此过程中，也看到了幼儿学习的内驱力，在家中也能够更好地放手，让幼儿尝试做自己力所能及的事情。实践活动不仅让幼儿获得了发展，而且让家长在思想观念上得到了有利转变。

总之，幼儿劳动教育是劳动教育的基础，同时，劳动习惯与能力的培养想要达成效果必须通过长期不懈的坚持，才能够为幼儿后续的发展奠定良好基础。为了使劳动教育更好地与《纲要》有效衔接，我们需要利用多渠道、多手段培养他们爱劳动的热情、肯劳动的意识、会劳动的能力，使得劳动教育与幼儿身心发展相结合，有效推动高质量幼儿劳动教育活动的开展。

（张颖，本文获第九届全国幼儿教师优秀论文评选三等奖）

论文四　浅析小班幼儿劳动行为的发展现状及培养策略

一、初探——小班幼儿劳动行为的发展现状

劳动是保证幼儿社会性发展、帮助幼儿塑造坚定品质、培养幼儿交流交往能力的有效载体。在小班开展劳动教育活动主要是为了培养幼儿的责任感、独立性以及自理能力，使幼儿有服务自己与他人的意识。

现阶段，小班幼儿在劳动行为中存在的不足表现在以下两方面。

（一）生活自理能力不强

自理能力的培养是幼儿园教育教学与教师日常带班中首要完成的内容，是劳动教育的基本部分。特别是对于小班阶段的幼儿，教师更需要足够专业且具有耐心。因为小班幼儿刚刚离开家，自我管理能力弱、情感依赖性强，没有形成良好的自我服务的意识。如果想让幼儿劳动，首先要让幼儿学会服务自我，这样才能为日后为他人服务做好有效铺垫。

（二）缺乏为集体服务的意识

为集体服务的过程是幼儿亲身体验、实际操作的过程，能够体验为集体服务的愉悦，对相似的服务体验活动感兴趣。小班阶段的幼儿还处在"以自我为中心"意识较强的阶段，即在思考问题和与人交往时往往站在自己的角度，加之很多孩子平日里也都习惯被溺爱与过分保护，这就导致幼儿缺乏为集体、为他人服务的意识。

二、改善——提升小班幼儿劳动能力的策略

（一）基于家庭教育，提升小班幼儿的劳动能力

1. 以"自己的事情自己做"活动提升幼儿的劳动能力。《纲要》中指出，幼儿不是被动的"被保护者"，教师要尊重幼儿不断增长的独立需要，在保育幼儿的同时，帮助和指导他们学习生活自理能力，锻炼自我保护能力。可见生活中的劳动教育是从培养幼儿的自理能力开始的。教师请家长为幼儿开展"自己的事情自己做"活动，结合在家中的午睡、餐点、盥洗环节设置了小分支，全面地培养幼儿的自理能力，让家长将游戏、儿歌、故事、情境活动穿插在环节中，既满足孩子的游戏欲望，又帮助幼儿理解如何劳动，提升幼儿的劳动能力。

例如午睡后，可以让家长用《我会穿衣服》的儿歌帮助幼儿学习穿衣服；在餐点环节，家长可引导幼儿自己插牛奶吸管、自己学习用勺子吃饭、自己用湿纸巾擦嘴巴、漱口、自己端盘子等；在盥洗活动中为幼儿播放《饮水歌》，引导其正确使用自己的水杯饮水；播放《洗手歌》引导其掌握七步洗手法，并在洗完手后把毛巾放在正确的位置；根据《如厕歌》逐步学习如厕方法。

2. 以"爸爸妈妈辛苦了"活动提升幼儿的劳动能力。家务劳动中蕴含着丰富的教育价值，不仅能锻炼幼儿的自理能力，而且有助于幼儿与家长之间的情感交流。小班阶段的幼儿已具备参与力所能及家务劳动的能力，但是有些家长包办过多，没有给予幼儿参与劳动、锻炼能力的机会。为了让孩子们感受到平日家长劳动的辛苦，可以开展以"爸爸妈妈辛苦了"为主题的劳动活动。

例如引导幼儿在家帮助父母擦桌子、分碗筷、铺床、浇花、取放物品、整理房间等。参与家务劳动是幼儿体验生活、提高劳动能力的重要部分。家务技能可以提高孩子做事的质量和效率。在幼儿园中，可结合孩子参加家务劳动的情况设置相应的奖励，每天帮助爸爸妈妈做一件事情的幼儿都会得到一枚小红花，激发幼儿参与家务活动的兴趣，培养幼儿热爱劳动的情感，增强幼儿服务自我及他人的意识。

（二）基于幼儿园活动提升小班幼儿的劳动能力

1. 开展区域游戏，提升幼儿的劳动能力。区域游戏是提升幼儿劳动能力的重要途径，它能够帮助小班幼儿把抽象的劳动概念转为实践，使其提升劳动能力。教师可以有效利用"五一"劳动节开启主题教育区域游戏，让幼儿在歌曲游戏、舞动游戏、表演游戏中学习如何做好小小值日生。其次，可以以区域中自评、互评的方法提高幼儿的劳动能力和劳动热情，帮助幼儿树立自信心，形成良好的习惯。

例如，在美工区可以开展"画一画我的七彩劳动节"活动，请幼儿绘画自己都可以做什么劳动，引导幼儿对于劳动有一个立体的认知；在音乐区可以开展"蜜蜂做工""我爱劳动"等音乐游戏，引导幼儿扮演劳动人民，体验劳动的辛苦；在语言区可以投放《今天是五一劳动节》《劳动的小兔子》等绘本，引导幼儿细致地了解劳动；在角色区可开展交警、护士、银行柜员、服务员、厨师等角色体验工作，引导幼儿感受他人工作的辛苦。最后通过区域游戏评价了解劳动对于人们的价值和意义，提升自身劳动能力。

2. 开展值日生活动，激发幼儿自主劳动。《指南》中幼儿的社会发展目标为："尊重为大家提供服务的人，珍惜他们的劳动成果，愿意为集体做事，为集体的成绩感到高兴。"幼儿园值日生工作是指幼儿在园为集体服务的一种形式，是社会教育的一个重要组成部分。它能够让幼儿通过劳动的形式互相帮助，增强其集体荣誉感，增加幼儿的合作精神与彼此关心精神。同时，幼儿在集体劳动中可以获得集体荣誉感，这是幼儿在独立劳动时无法体验到的一种责任感与欢乐情绪。

例如，可以开展小小值日生活动，通过早晨入园更换日历表、晴雨表，入园后给植物浇水、照顾植物，擦桌子、扫地，分筷子和盘子，搬床、整理床铺，收盘子、给垃圾分类等六件小事，让幼儿了解并知道值日生的工作，逐步确定值日生的职责，能够自觉主动地去完成值日生的工作，最终获得主动劳动的能力。

三、反思——基于家园共育提升小班幼儿劳动能力的思考

家园共育提升小班幼儿的劳动能力，可以帮助幼儿形成良好的劳动意识，能够运用自己的本领进行自我服务，还可以简单地服务他人；提升幼儿的归属感和自豪感，引导幼儿在体验劳动的过程中感受社会中各项工作的不易，从而提升幼儿爱护与体谅自己周围人的良好品质，培养幼儿尊敬劳动者、爱惜劳动成果的情感。同时可以提高教师与家长合作的能力，提升家园合作的意识，帮助家园共育找到了新路径。

（谢海颖，本文获 2021 北京市教师"基本功与专业能力"

教育教学研究成果二等奖）

论文五　浅谈如何在生活和游戏中培养幼儿的劳动意识

一、捕捉日常生活活动的契机，融入幼儿劳动意识的养成

生活即教育。陈鹤琴先生曾提出，"我们要让小孩子去运动双手，睁开眼

睛，张开耳朵""凡是儿童自己能做的，应该让他自己做"。在幼儿一日生活中，将劳动的机会给予幼儿，幼儿在劳动体验中养成劳动意识。

（一）自我服务中的劳动意识养成

自己的事情自己做，从入园开始，叠放整齐自己的外套以及穿戴的围巾帽子，整理自己的衣帽柜、玩具柜，自主取餐、自主签到、自主饮水以及自主午睡等。

（二）为他人服务中的劳动意识养成

利用生活中的每个环节引导幼儿乐于参加劳动，如听雷锋的故事，引导幼儿学习雷锋精神，从而激发幼儿爱劳动、乐于为他人服务的意愿；每天请两名幼儿为一组，午起加餐后为小朋友叠被子；每个月孩子的被褥都要带回家洗晒，鼓励幼儿参与整理被褥和运送被褥的活动，鼓励有能力的幼儿帮助能力弱一些的幼儿。开展大手拉小手活动，哥哥姐姐到小班弟弟妹妹的班级，教弟弟妹妹学习穿脱衣服，帮助弟弟妹妹叠被子、整理床铺和运送被子。通过这些生活中的劳动体验，引导幼儿树立劳动意识和主人翁意识，愿意服务他人。

二、通过游戏活动的体验，培养幼儿劳动意识

以游戏为基本活动，寓教育于各项活动之中。幼儿劳动意识的培养也离不开游戏活动的开展。幼儿是抱着游戏的态度去参与劳动的，把劳动活动"游戏化"，让幼儿在游戏的体验中养成劳动意识。如小班在整理玩具环节，教师设计"送好朋友回家"游戏，将玩具拟人化，幼儿将玩具当成朋友，收拾整理、摆放整齐。过程中，幼儿逐渐学会了各种玩具的取、玩、收、放。中班开展"柠檬柠檬"活动，老师事先准备好柠檬，让幼儿切柠檬片做柠檬水、烤柠檬干，了解喝柠檬水、吃柠檬干的营养和益处，体验到劳动的喜悦和辛苦。大班开展的社会活动"我会整理柜子"，使幼儿通过观察比较，发现又快又整齐地整理衣帽柜的好方法，进而将获得的经验迁移到生活中。

三、密切家园联系，实现劳动意识的巩固

对幼儿来说，生活中自己的事情自己做，就是最好的劳动习惯培养。培养幼儿良好的劳动习惯要运用恰当的方法，循序渐进，不能操之过急。幼儿对一般劳动知识和劳动技能的学习是感兴趣的、易于接受的，但要使幼儿养成良好的劳动习惯还需要教师和家长耐心细致地进行指导、长期坚持。在日常生活中，我们引导家长带幼儿参观了解常见劳动者的劳动，同时在班级创设交往区，如"彩虹小超市"，让幼儿了解超市的收银员、售货员、理货员是怎样工作的。

幼儿成长在不同的家庭里，接受的家庭环境教育也是不同的，有的家长注

重劳动教育，这些孩子的劳动能力就比较强，但也有些家长过分溺爱孩子，包办一切，致使孩子连最基本的自我服务能力和习惯都没有。家长在教育幼儿养成良好的劳动意识中扮演着重要角色，教师要积极利用各种渠道，如在班级群里推送健康习惯培养的科学育儿知识、分享幼儿成长的记录小片，利用腾讯家长会、接送孩子时段等及时向家长宣传培养孩子劳动意识的重要性，使家长意识到劳动意识培养是幼儿教育中不可忽视的重要部分，主动地响应并配合参与此项活动。教师和家长在培养孩子劳动意识的过程中一定要持之以恒，共同创造一个良好的育人环境，使劳动意识培养成为幼儿园和家长同步的教育活动。

总之，对幼儿劳动意识的培养在幼儿的一日生活活动之中，在家园的配合之中，在劳动过程的体验与感受之中。

（单明莹，本文获房山区首届"十四五"规划课题成果评选二等奖）

论文六　浅谈幼儿在种植活动中的探究学习

一、感知身边环境，让劳动成为幼儿想要做的事

幼儿对于身边环境有着敏锐的观察力，而观察所产生的兴趣能够为幼儿的游戏提供新的方向与新的探索。劳动兴趣与劳动环境作为幼儿劳动教育中的重要因素，教师要及时捕捉并肯定幼儿的发现，展开讨论，并将兴趣延伸，最大化地利用兴趣与环境所带来的新发现，促进幼儿在劳动活动中的探究学习。

春天到了，春风吹绿了小草嫩芽，也吹动了孩子们的好奇心。户外时，他们三三两两地讨论着：树上长小叶子了，有花开了，小草发芽了，代表春天来了。春天带来了惊喜，也带来了生机，激发孩子们用发现的眼睛去感受身边环境的变化，兴趣也随之而来。

某天，保安爷爷正在翻土，又引发了孩子们对劳动活动的关注。

幼儿：老师，（窗外的）爷爷在挖土！

老师：你猜猜他为什么翻土呀？

幼儿：在挖东西吧。

正说着，孩子们发现爷爷把土里的植物都拔了出来，扔到了一边。

幼儿：他在拔草呢！

老师：爷爷在翻土，是因为我们要在这片土里种东西。种植前要翻土，让土变松软，把那些会让小种子长不好的东西都清理干净。

幼儿：老师，我也想种小种子！

这一次对劳动行为的观察让孩子们产生了参与劳动的兴趣。

二、开展种植活动，让劳动成为幼儿的探究游戏

（一）讨论引发游戏，劳动自然产生

幼儿对于种植活动的兴趣随着对生活中劳动行为的观察逐渐增强。于是我们展开了相关讨论：想要种什么？想要怎样种？我们需要做什么？通过讨论，幼儿确定种植一些花的种子。由于初春的气温较低，孩子们决定从外面的花池中筛选一些土，在室内种植。

通过前期讨论，幼儿准备了不同的劳动工具——铲子、耙子、小桶等，在室外的花坛筛选土壤。在筛选过程中，幼儿在观察发现土壤特性的同时，也通过探索掌握劳动工具的使用方法，增强了劳动能力。幼儿在劳动活动中观察、发现、探索，从而获取经验，自发性的探究学习由此展开。

（二）持续的观察与劳动，促进幼儿在劳动活动中进行探究学习

筛选好土后，孩子们开始播种。通过调查与讨论，孩子们了解到种子的发芽需要阳光、水和适宜的温度，于是制订了小花匠的照顾小贴士，如每天观察土壤的干湿程度，在没有阳光直晒的清晨浇水，在温暖的天气要带小种子出去晒太阳。在浇水的过程中，孩子们发现使用班内的浇花壶浇水很容易在土壤上留下坑，小种子就会跑出来，于是孩子们商讨可以使用喷壶进行灌溉或者用手蘸水滴到花盆中。在晒太阳的环节，孩子们会充分感知温度与风力，在恰当的时候，合作将花盆抬到室外给花晒太阳，在太阳晒不到的时候及时将花盆搬回室内。种植活动将孩子们的劳动热情点燃，在劳动中自发地进行观察发现、操作体验，进一步促进幼儿对植物生长以及照护方法的探究学习，主动劳动的意识得到增强，照顾植物的能力也得到了有效发展。

（三）丰富种植与劳动内容，支持幼儿在劳动活动中的深度学习

有小朋友在分享中介绍了自己在家种植豆苗的经验和图片，引发了孩子们对于种植的关注，而孩子们的食谱中豆苗汤的出现，更让孩子们对于种植豆苗的兴趣高涨。于是孩子们开始讨论，到底要种哪种豆苗，怎样种植。经过投票，小朋友们确定先种植红豆、绿豆、黄豆、黑豆，采用水培和土培的方式种植。孩子们的劳动兴趣再一次被激发，在种植活动中的探究学习也有了新的方向与内容。

在种植的过程中，小朋友们不断记录着豆苗的生长过程，在观察的过程中发现了问题：为什么同时种下的红豆和黄豆，黄豆大很多？照顾黄豆的小朋友说，他将黄豆放在阳光充足的阳台，保证了通风，同时每天给豆苗换水。由此，小朋友们进一步确定通风、阳光、水分都是影响豆苗生长的因素。土培组也发出了疑问，水培组的豆苗已经全部发芽了，但是土培组的豆苗却没有变化。孩子们展开了讨论，认为土培组土壤的硬度、厚度、水分、阳光等条件都不如水培组，于是孩子

们将土壤层弄薄，每天喷水，帮助土培豆苗尽快发芽。孩子们在探究中了解了照顾豆苗的方法，能够更好地照顾植物，达成了在劳动活动中进行深度学习的目标。

三、家园携手，共促幼儿劳动能力的发展

（一）多种方式分享

家园共育是幼儿教育中的重要一环，良好的活动宣传能够起到促进家园配合、巩固幼儿发展的作用。因此我们选择了多种方式进行分享，如使用连续记录的图片分享，帮助家长了解幼儿在园的活动内容以及当下的发展点，提倡家长与幼儿共同讨论关于幼儿园种植活动的内容以及自己的劳动感想，帮助幼儿更好地巩固经验，提升对劳动活动的认同感与参与感。在活动结束后，通过将幼儿在整个活动中的过程与发展情况制作成美篇，以兴趣、劳动、探究为关键点，在帮助幼儿梳理经验的同时，起到很好的宣传效果。

（二）家园共同种植品尝

在开展种植豆苗活动的过程中，我们开展了将豆苗带回家的活动，请幼儿在家记录豆苗的生长变化以及照顾豆苗的过程。幼儿主动与家长们分享照顾豆苗的方法，并邀请家长一起参与照顾。在家园共育环节中，幼儿的探究学习得到了延续性发展，让家长们了解了自主探究课程的理念，提升了幼儿在生活中探究的意愿，也增强了幼儿的劳动意识。家园的合作让豆苗快速地生长，我们进行了收割，每个孩子都将劳动的成果带回了家，使我们的种植活动与家庭的连接更加紧密。

在劳动活动中，幼儿充分地观察、操作、体验，促进了探究能力的发展。幼儿在主动观察、主动发现、主动质疑、主动反思、主动解决的过程中，形成了一定的经验，同时也增强了劳动意愿，提高了劳动能力，体验到了劳动带来的快乐与获得感。在开展劳动活动的过程中，教师要关注幼儿的兴趣点，及时捕捉并激发延伸，帮助幼儿在兴趣中挖掘探究点，助力幼儿在劳动活动中的探究学习，促进幼儿全面发展。

（刘梦）

论文七　浅谈在种植活动中激发幼儿的探究能力

一、对开展种植活动现状的思考

（一）缺乏兴趣支持

种植活动是幼儿获得具体认知与探索能力的重要途径，是幼儿生活中的重

要资源。为幼儿开展生动性、直观性、趣味性与实践性较强的种植游戏是帮助幼儿了解自然，探索周边生态环境，形成探究学习的重要途径。但在以往的种植游戏中，更多的是教师提出的劳动种植活动，导致幼儿在劳动种植中缺乏兴趣，导致种植活动的开展不顺，效果欠佳。

（二）缺乏有效探索

在现阶段的劳动种植活动中，教师因幼儿年龄较小、担心弄不好等问题，更多开展形式化的活动，比如只收集、不播种，只种植、不照顾等，这种形式化的活动导致幼儿缺乏劳动种植的实践能力，无法深度探究，最后失去参与种植活动的愿望。

（三）缺乏操作与实践

劳动种植活动是一种注重幼儿个性发展的教育，《纲要》中提出，幼儿园要尊重幼儿的身心发展过程及学习特点，注重幼儿的差异性，为每个幼儿提供个性发展的空间。由此可见，在劳动种植活动的开展中，教师要以幼儿为主体，注重幼儿自由自主的探索学习，把更多的空间留给孩子，减少教师在前的现象。

二、在劳动种植活动中激发幼儿探究性学习的具体策略

（一）追随劳动兴趣，支持自主发现

教师应该追随幼儿兴趣，支持幼儿自主探究，开展有趣的种植游戏，让幼儿主动投身到种植活动中来，同时鼓励孩子们积极参与，发展自身的探究能力。

例如在幼儿园后院的"趣园"（种植园）里种了许多蔬菜，在不同的季节，我们都能收获很多的果实。前阶段，"趣园"里的萝卜丰收了，孩子们在菜地里拔萝卜，有的幼儿提出了切萝卜的想法。我马上抓住幼儿的兴趣点，把萝卜挪到了娃娃家，引导幼儿观察萝卜的组成部分，并提出了"萝卜可以怎样吃?"的问题，引导幼儿寻找加工萝卜的资料，并开展讨论活动。幼儿探究萝卜的切法，把萝卜切成萝卜丝、萝卜块、萝卜片，还尝试把萝卜晒成萝卜干，喂养班级里的小兔子，避免兔子吃湿萝卜拉肚子。

（二）聚焦问题，持续深度探究

在劳动种植游戏中，教师不能为了游戏而游戏，而是要引导幼儿在游戏中发现问题，并根据问题深入地探究，引导幼儿通过积极探索，发现种植不仅可以美化我们的生活环境，而且与我们的生活息息相关。

例如在开展大白菜的种植活动中，幼儿对白菜叶子上的洞产生了兴趣，教师便鼓励幼儿将自己的想法说出来，并利用绘画的方式进行记录，从而追随孩

子的兴趣。为了引导幼儿自主解决问题，教师提供了绘本《一园青菜成了精》《第一次种白菜》《圆白菜小弟》等，倡导家园合作查找资料，引导幼儿从自己感兴趣的视角自主探究白菜叶子上的洞究竟从何而来。另外，教师还请幼儿根据自己的发现照顾白菜，观察白菜苗长高的过程，激发幼儿持续观察、持续探索的兴趣。

（三）以幼儿为主，唤醒劳动意识

张雪门指出："幼儿是活动的主体。"教师要把幼儿作为活动的主体，寻找劳动种植的一切契机，培养幼儿的劳动意识，为幼儿创造自主劳动的机会。照顾植物是种植活动中的重要组成部分，也是幼儿劳动过程中最主要的部分。在照料植物时，幼儿可以增强动手能力以及照料植物的责任感。

例如，我们可以开设"我是管理员"的趣味活动，每周设置三名幼儿为植物管理员。植物管理员的职责是照顾所有植物，将叶子发黄或即将枯萎的植物作为重点观察对象，探索怎样才能让植物生长得更好，如把杂草除掉，每周浇水两次，去掉黄叶等。在"我是管理员"活动中，幼儿不仅学会了如何观察、照顾、关心与爱护植物，而且发展了良好的探究能力、责任意识、语言表达能力等。

三、结语

以上就是对在劳动种植活动中培养幼儿探究能力的思考。教师在开展劳动种植活动中，要带领幼儿亲自到大自然中进行实践，懂得如何照顾植物，学会细心观察，从而帮助幼儿形成自我服务与为他人服务的劳动意识，并在劳动活动中潜移默化地发展探究能力，以此将劳动教育落到实处，促进幼儿全面发展。

（郝艳泽）

论文八 指导学前儿童家庭开展劳动教育的有效策略

家庭是学前儿童生活和受教育的重要环境。家长是幼儿的第一任老师，在幼儿劳动习惯的培养过程中至关重要。如果缺失家庭劳动教育，幼儿劳动习惯的培养就难以实现，甚至出现在幼儿园是一种状态，在家又是另一种状态。所以指导学前儿童家庭开展劳动教育至关重要。

一、学前儿童家庭开展劳动教育的意义

家庭作为幼儿学习生活的重要场所，具有可接触环境的多样性，劳动形式

的丰富性与劳动效果的持续性，能够促进幼儿全面发展。如锻炼幼儿的体力和耐力，促进大小肌肉群协调发展；双手的活动使其左右脑得到锻炼，促进其逻辑思维和形象思维的发展；促进幼儿社会性发展，增强独立意识；促进幼儿形成良好的思想道德品质等。

二、学前儿童家庭开展劳动教育的现状及分析

根据对班级幼儿及家长情况的了解，发现部分家庭由于主要是老人带孩子，出于安全考虑，且对幼儿比较溺爱，幼儿失去大量的劳动机会。家长的教育观念相对先进，大部分都认同要开展劳动教育，但实践性不够，只停留在自己的事情自己做，自我服务的劳动比较多，缺乏其他形式的劳动教育。同时对幼儿不够尊重，未能正确对待幼儿的劳动成果，总觉得幼儿劳动是在玩耍，不能站在幼儿的角度看问题。

三、有效指导学前儿童家庭开展劳动教育的策略

（一）引领家长转变教育观念，培养幼儿的劳动意识

1. 引导家长了解家庭劳动对幼儿发展的意义。为了帮助家长改变教育观念，可以通过家长学校讲座、家长会、家教沙龙、互联网等多种形式，向家长宣传劳动教育的重要意义，扭转家长对幼儿劳动教育的认识误区，转变家长的教育理念。家长在自身养成良好劳动习惯的基础上带动自己的孩子，真正步入与孩子一同参与劳动的行列中来，构成家园互动、共同合作的联动体系，形成合力，才能更为有效地提高幼儿的劳动意识，培养其劳动习惯。

2. 请家长多给予幼儿参加家庭劳动的机会。引导家长在家里放手锻炼幼儿的劳动能力，让幼儿养成自己的事情自己做的习惯，并且能帮助父母干家务活。比如，在吃饭时请幼儿分发碗筷并摆好，在家庭大扫除时让幼儿也参与进来，每个人都有各自的分工，幼儿负责擦桌子，妈妈负责扫地，爸爸负责拖地，一家人相互帮助，体验劳动的快乐，进而对劳动产生浓厚的兴趣。

3. 引导家长尊重和正视幼儿的劳动成果。劳动是幼儿的基本权利，教师要引导家长正视幼儿的劳动行为，摒弃"幼儿劳动是在帮倒忙"的心理，对幼儿的劳动成果给予正向反馈，增强幼儿劳动的积极性。如当孩子主动要求擦桌子并擦得很干净时，家长要及时给予肯定；若孩子没有擦干净，也不能直接批评，而要先肯定其主动帮父母分担家务的优秀品质，再提出改进建议等。由于孩子做事的坚持性和专注度不够，情绪控制能力差，因此家长需坚持正面教育，以肯定和鼓励为主，提升幼儿的自信心，激发幼儿参与劳动的兴趣。

（二）引导家长身体力行，发挥榜样教育作用

家长是幼儿的榜样，家长自身应当热爱劳动，积极借助日常生活中的言语

和行为让幼儿深刻感受到"劳动最光荣"的道理,通过身边的小事对幼儿进行随机教育。

(三)结合幼儿年龄特点,给予家长不同的指导建议

幼儿年龄和能力水平不同,所以教师要针对不同年龄段幼儿的特点给予家长不同的指导建议。

1. 小班——自己的事情自己做。小班劳动教育的内容以自我服务为主,可以指导家长在家以游戏形式开展劳动活动,如我会洗手、我会穿鞋、我会穿衣等。

2. 中班——我是快乐小帮手。中班劳动教育的内容从自我服务逐步过渡到为集体服务,可以指导家长除了让幼儿自我服务,还要让幼儿感受到我是家庭的一员,要为家庭服务,如扫地、擦桌椅、叠被褥、照顾家中的动植物等。

3. 大班——劳动最光荣。大班劳动教育的内容侧重自我管理和为集体服务。指导家长在家中让幼儿实行自我管理,如整理书包、学具、书架等,还可以让幼儿自己制订劳动清单。

根据幼儿的生活实际和年龄特点,遵循循序渐进的原则,由易到难,逐步引导幼儿从为我服务到自我服务,再到为集体服务,锻炼幼儿的劳动能力。

(四)融合身边的教育资源,丰富劳动教育的开展形式

家庭、幼儿园、社区三方协同共育是当前幼儿教育中极力提倡的教育模式,三方都在幼儿劳动教育中发挥着不可替代的作用。其中,家庭教育是基础,幼儿园教育是主导,社区教育是补充。三方应彼此配合,共同推动幼儿劳动教育的开展。因此,在教育过程中,要充分发挥家、园、社区各自特有的人力资源、物质资源优势,丰富幼儿劳动教育的形式。如召集家长志愿者,开展"家长进课堂"活动;在开展垃圾分类系列活动时,可联合社区,让幼儿进社区当环保宣传者;联合社区开展公益性劳动,邀请家长和幼儿共同参与集体劳动、担任志愿者等。

总之,幼儿劳动教育的有效开展离不开家园合作。教师作为教育者,应以自身专业引导家长有效开展家庭劳动教育,共促幼儿德智体美劳全面发展!

(张娜,本文发表在《新教育时代》2021年6月刊)